Luis Marimón
Antología poética

La Pereza Ediciones

© La Pereza Ediciones 2020
www.lapereza.net
Segunda edición en Estados Unidos
Selección: Yanira Marimón

ISBN- 9781623751562

Diseño de portada: Florencia Navatta

Antología poética
Luis Marimón

DE
EL DEMONIO DEL ARPA

EL DEMONIO DEL ARPA (I)

Hace ya mucho tiempo y aún recuerdo
sus manos transparentes y buenas
junto a la ventana.
Era su voz y más allá la cara,
y más allá los años como caballos ciegos.
De su boca, siempre falta de vino,
las imágenes cáusticas brotaban.
Yo vi, decía, los grimorios mágicos que encierran
círculos, oráculos, conjuros,
venablos que regresan siempre
a matar del pasado,
ángeles que recorren las calles
galopando en bestias rayadas de cenizas,
en la floresta, la mansión del agua
donde oscuros maderos no son nunca talados.

Gustaba de los gritos y las lamentaciones.
Era un ser muy extraño.
Y del amor... del amor, decía:
"¡Qué enorme corazón ese que aguanta
pesadamente el cotidiano baño de veneno!"
Así, así no más decía: "¡Yo, me mato!"
Y así un día se borró como él quería.
¡Qué enorme corazón el suyo
tan capaz de soportar la vida!

EL DEMONIO DEL ARPA (III)

Joaquín Blanco Negret ha muerto definitivamente.
Yo lo esperé por años, con la indecible
convicción de que retornaría con el oscuro esplendor
de Matías Pascal, con su traje de Justo, de Ahasverus,
de Diablo y su arpa rencorosa.
Creí que regresaría con sus trenzas y sus
intolerables clases de ruso,
con sus manos de poeta y carnicero.
Yo no lo quería... ¡Pero cuánto lo amaba!
Febril era el caos de su cosmogonía,
fósiles, las arenas sobre su playa.
Al escribir tu carta de despedida
dejaste con ella la llave.
Desnudo siempre hasta la muerte
ante los estadios repletos de caras.
Peregrino en busca de sí mismo, estoy hablando contigo.
No permitas que esta conversación se frustre:
poseo dos entradas para La Siesta de un Fauno.
¿Qué significado tenía aquella
laboriosa ejecución de tu suicidio:
un juego inocente, una burla para tus semejantes?
Su vida era una función
donde los actores olvidaban la obra que representaban.
El más sabio de los hombres nos dejó un legado
de páramo sombrío,
esa inevitable certidumbre
de caminar sobre un hilo de araña
sobre el holocausto del Bacunayagua.
Hablo contigo y estás muerto,
director de orquesta dándole la espalda

a los himnos memorables,
creyendo que todo iba a ser así,
siempre de malo.
¿Dónde estás ahora?
Adivino que tendrás otras mentiras para decir,
que tienes nuevas caras.
Con el corazón perforado
Joaquín dejó en la playa sus libros de alquimia
donde hablaba, lo sé, del oculto y memorioso
silencio de las palabras.
Se nos murió de hambre y de frío
en un país donde hasta las piedras florecen
y donde no hay invierno.
¡Joaquín se nos murió
y no pudimos detener su peregrinaje
allí donde el labio es tan hondo
y el pulmón y la espalda se vuelven homicidas!
Las cosas, Joaquín, ya cambiaron:
no te marches, no nos dejes tan solos con la noche...
De esos poetas que hoy te cantan,
de los hombres que te buscan
y de las sombras que te encuentran,
saldrás un día tú.
Los demonios no mueren
y más cuando son (y han sido)
demonios crucificados.

EL ENTIERRO DEL ENANO

En la vieja plaza del mercado había un enano que tenía una pe-
queña tienda de bisutería donde todo era pequeño, menos el odio
de su dueño.
Había mandado a pintar esta locución del
César en la puerta de su establecimiento: Veni,
Vidi, Vici. Pero los matanceros, confundidos, creyeron que era
un nombre y le llamaban
Benavides Vinci.
Todavía se le recuerda.

El escarnio supremo de la vida fue su muerte.
Él la escuchó llegar y levemente
soportó su mirada a través del espejo.
Las amotinaciones, en su enorme cabeza no cesaban,
esta le pesaba en los hombros como una torre suave.
Fue de una raza eterna, cuyo eterno destino
fue el de alabar tiranos, vigilar a las mujeres,
probar de los manjares, a veces envenenados,
andar siempre escondido detrás de las cortinas.
Su fortuna: recorrer países, páramos, bosques,
desiertos bajo la anémica luna.
Presenció muertes, intrigas, conspiraciones, besos que
nunca fueron suyos.
¡La historia hubiese transcurrido de otra manera
 si la naturaleza no hubiese creado a los enanos!
Poca tierra cubre el ataúd de niño...
Tuvo, del hombre, el corazón
/o un corazón más grande, nadie sabe/
 y esa eterna mirada.
¡Hay tanta soledad tras su cara de viejo!

¡Sufren tanto en el vientre / dice Pär Lagerkvist/
que nacen arrugados!
Más que el hombre sufrió,
por eso es más que hombre y más que todo...
La caja tiene una pequeña ventana
de cristal momentáneo y húmedo.
La infamia fue su don, legado, espuela.
¿Acaso también dios
es un enano de piernas arqueadas
que va de pueblo en pueblo
vestido de pífano de casaca verde
y botones dorados?

Vestida como enana de raso, luna y hierbabuena,
vino la muerte a buscarlo.
Él se puso sus zapatos marrones,
su trajecito... ,el anillo.
¿Dónde te vas a casar?,
le preguntaron todos a través del espejo.
Ahora, para que lo vean
y para despedirse del mundo al que llegó,
vio y venció, tiene una mínima ventana de cristal momentáneo y húmedo.
Esa boda callada, esa burla suprema...

EL MISTERIO TREMENDO QUE ES EXISTIR
A DIARIO

A Penélope,
que una noche decidió no deshacer el sudario.

Cuando de madrugada escucho levemente un aletear de
pájaro ofrecido
que se dilata en el sacrificado cielo,
llego a creer por un instante en todo.
El mar se ha transformado en un ave húmeda, terrosa,
y ha levantado vuelo.

¿Dónde estás, tibia, inconclusa Penélope?
¿En la frágil ramita de ese naranjo
o en el túnel velado de la ruina?

Dentro de mí cabe perfectamente el universo,
pero hay unos ojos y un sueño trémulo
y el misterio tremendo que es existir a diario.
Mi corazón: un toro en celo
que rompe las costillas desde adentro
tratando de abatir ese corral perfecto,
ese huerto de cerrados huesos que le impide consumar el
rito.

¿Cuál será entonces la interpretación correcta
de esa misteriosa brevedad hecha persona?

FIDELIO PONCE DE LEÓN

Aprender a mirar con otros ojos...

En la vida sólo morir es milagroso;
por eso, semejando una bestia nocturna,
penetro en la gruta y allí escribo mi nombre.
¿Mi nombre, qué ser humano lo tiene?

La luz es una sombra
y la sombra una luz débil, velada...

Todos los seres que he conocido son de nubes,
de nubes que pasan...

En suma,
como buen cristiano pido a dios
y afilo mi navaja...

EL ERUDITO

Todo es ruina: el labio, la flor
y el alacrán.
Desde el despertar del mundo estoy muriendo,
llevando una escudilla, unos ojos ávidos,
el inagotable manantial de mi asco...

Los huesos de mis piernas son duros,
impenetrables mis ojos como los de los peces abisales...

He buscado la paz, no me avergüenzo de ello.
Busqué también las terribles cosas que nos nacieron.
He gastado el camino, me lo llevé en las piernas.
Deshice el mar con mi pesadilla de marino sin sueño, des-
cubrí una tierra digna para morir.

Soy hombre. Amé, parí, tuve la vida.

POETA

Fundida en rojo y negro, como el oro,
esa P puta se puebla de penachos,
azules prusias, azules paris que parecen
plateados puertos de presagios.
La O es la más perfecta,
el ojo de oprimida onza,
opalina fiereza de un ocre que no cesa,
oscura como serpiente mordiéndose la cola.
Y la extravagante E de extranjeras tetas,
letra esmeralda, encinta de su guardián
en el encierro.
La T crucificada por tirana,
consonante de traidor, enjoyada como tiara,
temible toro.
La A siempre amarilla,
casi azul cuando aúlla
ávida de su agua,
atalaya de piernas de argamasa,
agreste arco de disparar alturas...

PASTORA DE ALACRANES

Con tu cara de sibila temblorosa
ante el hombre que amabas,
con tu rostro de bruja transformando la vida
y tus zapatos quejándose debajo de la cama.
Con tu escoba de irte volando,
de marchar al encuentro de ese único laberinto,
de ese toro que te hubiese salvado.
Con tu obsesión por los cuchillos,
por el retorno al vientre,
con tu amor por aquellos que se asustaban
al acostarse contigo.
Con tus alucinaciones y tu augusta paranoia,
con tu piano en el que las gatas parían sobre las partituras
de Mozart, con tus barajas mágicas que nunca descifraron
ni el final ni el enigma.
Con tu vieja máquina, guillotina
con la que te degollabas en tus madrugadas
para resucitar en las mañanas.
Con tu palidez, tus ojos abismales,
enamorada difícil del mártir y el verdugo.
Con tu madre tullida,
subida como una araña enorme sobre tus hombros,
en la calle, en la carnicería
o cuando buscabas amor o un trabajo.
Cuando un poeta se equivoca, decías, algo de sucio
hay por el mundo.
¿Dónde estás, mi inconclusa Penélope?
Con tus aproximaciones a la mujer,
con tu odio patológico a la mujer,
con tus deseos de poeta por la bestia

mientras los alacranes y las gaviotas hacían nidos de dolor
en tu sexo,
cuando veías a aquel que se suicidaba
y lloraba en tu pecho por lo mismo que amabas.
Con tus poemas maravillosos en el baño envolviendo algodones
o tapiando las cuevas de las ratas
o envolviendo la carne en la nevera.
Con tu última actuación bajo la lluvia,
cuando saliste desnuda por las calles con tu risa perenne
de niña idiota.

¿Adónde he de buscarte ahora
si confundo siempre a aquellos que emigraron
con los que han muerto?

DE
EL LUGAR DE LA TRAMA

FÓSILES EN LA COLINA

Un mar de nombre desconocido
cubría por aquel entonces
el lugar donde después se fundó mi ciudad.
Hay en la antigua colina
restos de animales prehistóricos
incrustados en la piedras.
Pero ellos no quisieron irse con las aguas,
una fuerza desconocida y terrible los obligó a quedarse esperando a alguien.

Seres que se gestaron
solo para dejar sus leves osamentas grabadas como símbolos
o una escritura aun no descifrada.
Ellos están;
con sus huellas justificas su estancia en la tierra
junto al viento, los pájaros y los caracoles.
¿Dónde está su carne, ahora transparente, su apetito,
su instinto sagrado de vivir?
Ancestrales voces claman desde la noche.
Las incontenibles formas se reiteran
y el universo calla cuando las cosas son
sin ser apenas.
En el limo la humedad señala su existencia.
¿Quién me demuestra en el viento
la huella de la abeja salvaje,
quién la ruta de la flecha
que desgarra el corazón del ciervo en la pradera;
qué verde corazón se está quemando
ahora con la hierba?
La más pequeña de las moléculas

conformará mañana el cuerpo más grande.
Lo que hoy es sed, será abrevadero.
Lo que será el jinete, hoy es la bestia.
Acepto el cambio.
En la más terrible de las formas hay un silencio bueno.
Y el que destroza nervios y tendones en la mágica jungla
posee sus colmillos solo por negarse a morir
y el manso posee su carne deleitosa...

Las aguas, acaso, volverán.
Siempre las cosas son de donde fueron,
y los que no queramos huir,
combatiremos.
Yo me niego a creer en esa posibilidad...
¿Dónde están las aguas antiguas?

En la vieja colina están los restos
de animales grabados en las piedras.
Una fuerza desconocida obliga siempre a quedarse.
Nosotros tampoco abandonaremos la ciudad.

DIFÍCIL OFICIO ES OLVIDAR

El olvido es esa muerte diaria que a todos nos sucede,
una selva abominable de la que no se vuelve.
En este mar redondo por donde he caminado
un deseo de noche infinita se borró de mi sangre
y mi dolor es un tigre de fuego que habita en una gruta de
ceniza.
Son cosas que transcurren,
historias sucedidas,
campanas en la tarde, olores que te dicen
que de un hombre, un barco, una madrugada,
para siempre nos hemos despedido.
Si cierro los ojos aparecen de pronto
cosas que nunca he visto.
Quizás vienen del tiempo esas imágenes,
de esta sedición constante que llamamos vida,
de esta muerte eterna que llamamos memoria.
¿Qué tesoro he olvidado, qué amor, qué promesa,
qué triunfo?
Allí donde me siento ya me senté una vez,
las palabras que digo ya fueron dichas,
la mujer que amo ahora florece en un naranjo equivocado.
Los días que están desde hace mucho planificados para mí
se niegan a posponer esta masacre;
este pez ciego nada en el espejo de la puerta
de los que para siempre, y acaso sin saberlo,
hasta la eternidad nos hemos despedido.

VERSOS A MI BARRIO

El barrio es una sombra, el universo entero lo contempla
y su cosmos de ceniza y cuchillo, en su agonía,
 cabe en la historia, pero no en el verso.

Cosas que parecen ficción,
pero nunca nada sobra a la semilla...

El asno cubierto de carbón se aproxima
 con su paso de ácido muriático.

Sinuosa sombra de mujer y tigre,
mítica ciudad, como en un sueño revelamos tu reflejo,

El barrio es la historia de la amargura:
aquella gente que pasaba
con su canasta de pan enmohecido al hombro.
Gente pura. Y también alguna que sobrevive y que no
nombro.
La memoria teje como una araña ciega.
 Ah, barrio de alcohol, de manantiales
 de corazón rodando con el limo esmeralda de la calle.

Tú me enseñaste que no es vivir nacer,
sino brotar de alguien.

CACERÍA

Atrapamos la jutía en la urdimbre del monte;
cayó entre los colmillos espumosos del perro
que destrozó, entre chillidos vehementes,
sus tendones, sus ojos de niebla y yerba seca.
El pan es más eterno que el bocado
y aun más duradero que la desolada
y antigua cicatriz del hombre.
Diestros en el manejo del cuchillo,
le quitamos la piel.
Las mujeres cocinaron el arroz,
nosotros tocamos la guitarra.
Y a la luz de la fogata
parecía un niño recién nacido
que temblaba...

YO ME RETIRO UN TIEMPO

Yo me retiro un tiempo,
no me muero.

Pero la tierra, además de ser vieja y absoluta,
es hambrienta.
Ella reclama por mi antigua carne,
mis gastados ojos
y sé, entre otras innumerables cosas,
que tengo que morir.

El único privilegio que poseí en la vida
fue vivir del amor de los otros.

Fui de la eternidad un pez profundo
que siempre deseó tener alas...

El universo era pequeño para mí
pero tuve tus ojos, el insomnio del tigre
y este dolor íntimo.

Todo en la humanidad se me asemeja.

Yo me retiro un tiempo,
no me muero.
Adiós un rato entonces,
compañeros.

MUERTE DEL YUMURÍ

Aquí, bajo estas aguas, están todos dormido;
un manojo de hierba danza, vertiginoso.
Túmulo de agua mansa rodeando con sus zarpas
las colinas del sueño.
Eternidad del fango hecho sangre,
viejas y extrañas rosas que cortaste un día, repitiéndose
como lágrimas sucias.
Puercos, alacranes y palomas bajando de un mismo vientre, de una misma semilla.
Asustados, bien muertos,
como bongos negros después de las tormentas.
Marismas con su nata amarilla
vueltas a su cubil cavernoso del despertar del mundo. Lugar donde los brujos esconden sus mágicas cazuelas, humildes negros que cabalgan en caballos de oro.
Espejos donde los dioses vienen a mirarse sus arrugadas
caras.
Aquí, bajo estas aguas, están todos dormidos,
viejas y extrañas agua que bebiste un día.
En la orilla, una costra verdosa como de leche de diablesa
hervida
se aferra a los palafitos,
trayendo mínimos cangrejos, cintas multicolores,
latas, papeles, peces muertos.
Hemos golpeado al río,
le hemos dado de palos,
lo obligamos a andar junto a nosotros
amarrado al cuello, con una argolla pasando su nariz.
Cuando quiso volar, le cortamos las alas con un cuchillo
sucio.
Cuando quiso huir, le pusimos cencerros.

Cuando quiso nadar, le sacamos los ojos.
Cuando ha querido irse lejos,
le raptamos sus hijos transparentes.
Hemos matado al río.
El río se está muriendo
para siempre...

LOS VIENTRES

No moriré del todo.
Nicolás Guillén

Nacer en otro vientre.

La noche es constelada y grandiosa,
mas eso no importa para morir con ella.
Nacer con otros ojos, tener otras arrugas,
nacer pez , mujer o enano,
sentir otra vez, aplastándome, las frías y extrañas alturas.
Ser otro, irme a los bosques y no saber que allí,
en lo umbrío, en lo más desolado y azul,
en lo menos hollado del sendero,
pasé besando a Miriam.
Pasar por el transparente manantial
y no reconocer que sus cuarteados labios
allí bebieron.
Pasar por esas tumbas en los breves costados
de las carreteras
sin comprender que allí hubo un poco la vida que vivimos,
los sueños que soñamos.
Robusto el vientre que me nace de nuevo.
Él me dice que la tierra es la dueña y la esclava.
No cerrarás tus párpados,
mañana el tigre tendrá tus pupilas.

Hijos extraños que se irán algún día
sin decirnos si alguno fue esclavo en Siracusa
o una mujer remota que murió calcinada en Pompeya. Ciclos, ciclos que se extienden infinitamente
y se llevan el canto de ese pájaro que ahora canta para mí.

La humedad de la noche me hiere.
Alguna vez refrescaré mis hojas, mi pelambre hirsuta...
eso no importa.
Nacen esos extraños seres que dicen ser mis hijos.

Hijos extraños que se irán
algún día...
solo por nacer, sufrir y ver el sol,
los quiero.

LA PUERTA

La puerta de mi casa no fue construida para que la gente salga,
sino para que entre.

La puerta de mi casa no es muy ancha,
pero por ella podría pasar el mundo si quisiera.

Una puerta debe ser semejante a una tumba,
no puede hacer distinciones para abrirse.

Yo sé que todo cosmos, de un modo subconsciente y en secreto,
planea su propia destrucción.
No tengo mucho para ofrecerles,
mi pobreza es mi mayor riqueza;
pero aun puedo servirles un poco de té
preparado en una lata de leche condensada.
Sí, señora, pase adelante y no se preocupe de esos cuentos de bruja,
que si vuela en su escoba, que su nariz afilada.
Traiga a su cuervo,
mis hijos no se asustan tan fácilmente,
al contrario, estoy seguro se subirán en sus duras rodillas
y le contarán historias que la estremecerán.
Miriam le dará un plato de sopa o un pedazo de carne de
su propio corazón...

Por mi puerta han entrado todos los arquetipos imaginables

y aquellos que escaparon a las clasificaciones de Hieroni-
mus,
"El Bosco" y Sigmund Freud.

Mi casa es de todos.
A veces le pregunto a mi mujer:
¿Qué le ha pasado al techo que está roto?
Y ella responde:
"Es que vendrá hoy el astrólogo,
dice que ha descubierto una constelación terrible
y que nuestra casa es el lugar idóneo para sus observacio-
nes.
"la última vez se marchó dando gritos".
Me encojo de hombros y pienso que veremos las estrellas.
Así, mis vecinos se asombran por la cantidad interminable
de personas que diariamente tocan.
Vienen los payasos a contarme sus penas, a morir en mi
pecho,
cazadores de tigres
monarcas destronados
seres de otros planetas
buscadores de oro
arqueólogos
pescadores
poetas.
Gente oscura, sin nombres o apellidos.
Obispos
estibadores
ciclistas
actores y plomeros.
Cada uno viene con sus problemas
y cada una de sus causas
son mis efectos...

La puerta de mi casa no es muy ancha
pero por ella podría pasar el mundo si quisiera...

DE
LOS INSOMNES LOGOGRIFOS

*La poesía es un animal marino que vive en la tierra
y que quisiera lanzarse a los aires.*

Carl Sandburg

I

Perdido dentro de la hueca penumbra de mi sombra,
legítimo en mi soledad, hablo con las olas
como si cada una fuera un hombre inocente.
Merodeo y escribo sobre un desheredado ayer
que aun no ha llegado.

Con mi sombra hago un rollo oscuro
y sobre él trazo los insomnes logogrifos de mi vida.

X

Esta noche alguien trama mi cautiverio,
me acecha en la floresta, en el mar nebuloso,
en el pantano.
Mis amputaciones, no obstante, son los clarines
que me mantienen múltiple e insomne.
Arpones, atarrayas y anzuelos
a los que pusieron por carnada
la luna, son estas cicatrices que vibran
y rumorean por mi cuerpo
hasta que en la garganta se vuelven alarido.

Simulo que me extingo, soy el fósil
de un idioma con patria de náufrago
y corazón falsificado.
Deshago esa tentativa de que me vendan
y muestren mis pedazos más oscuros
en circos y zoológicos,
hasta que mi último asesino revele que me marcho
para siempre, y analicen los locos mis entrañas de musgo
y profundicen en mis ojos que son sencillos ceros asombra-
dos.
Seguiré siendo la continuación de algo luminoso

que puso término a un dios deseoso de estar cautivo.
Me amplía y oprime la vana,
dolorosa forma que tienen los hombres
de aprisionar la palabra, la libertad,
el sueño...

XI

Nací de un canto eterno y por él muero.
Ya desde el vientre vengo prefigurando
los libros que escribiré, cuántas veces
el aire se hará pleno en mis pulmones,
cuánto trago de alcohol, cuánto cigarro
penetrará mi carne,
las heridas que aún duermen en el cuchillo ajeno.
Tendré una orgullosa vejez de pantalones raídos
y una cabeza que nunca se inclinará ante nada.

No permitiré el exilio ni la lejanía.
La gloria será quedar en la barca que se agrieta
y hundirme con los otros navegantes.
No conozco otro dogma que el mar
y su vocabulario.
No comprendo el pan de uno solo
ni la palabra en singular.
Todos hemos, sin saberlo, predicado
ese ceremonial que es preparar la fundación
de esa verde y elevada noche que aún perdura.
Esta no es la hora de la tragedia,
sino la del instintivo retorno de algunos animales
que van a morir allí donde nacieron,
en el ya casi olvidado y luminoso
instante de la alegría.

XIII

Calcinado rocío que madura la rosa,
olas breves, ciervas blancas que mueren en la arena, diver-
sidad de seres milagrosos que emigran
y dejan con la estela herida de sus barcos de niebla
el itinerario de su dolor fracasado.

Bestias del mar, fervorosas lunas que se abren
igual que lirios afilados,
paso en mis entrañas.

Ah, océano peregrino, ah, perros de la noche
rastreando toda sombra ciega y confundida,
la pacífica, maldita raza que gestó el tiempo
pariendo un vientre preexistente y lapidado.

Soy el trunco, colérico ser que despertó en el mundo
siendo hombre y pez con corazón de ave.

XVII

Cada cual por su vida
cada cual a su muerte.

En el candelabro, el cirio solitario como un arbusto blanco,
arbusto pequeñito que a sí mismo se quema.
Yo mastico
las yerbas más duras y amargas que dejó el invierno mientras observo en la húmeda piedra donde escribo
las huellas de un pez que mi pasión ignora,
el pez árido de los sueños.

Alguien no tiene el tiempo suficiente para morir

y deja un testamento desesperado en mi memoria. Entonces sólo de sombras vivo,
la noche es mi alimento y soy
el astrolábico hombre de amarga y limosa transparencia
que se vulnera.
Ya no soy el astuto que logra introducir tras la muralla
un caballo de atrezzo, sino el que es justo con el enemigo
y entrega el corazón inédito.

Ningún poeta vive una vida que es totalmente suya.
Mi realidad es leve: el sueño la confunde.
Mi propia muerte ya no me pertenece.

XVIII

Hallo en mi forma la oscura culpabilidad
de un sueño, la curiosa desnudez de los espíritus,
el extraño ermitaño que en su cuerpo satánico
a sí mismo se esconde
y se devora.

Imagen que de mí hice
desde la cual me presentí en el vientre
que me traía triste y húmedo a la vida.

Todo para mí es vaciedad,
por eso, a veces, duermo cientos de noches
y despierto hambriento y calcificado
con esa vieja esperanza de haberme transformado en fósil.

Cada instante trae consigo una nueva amenaza,
una nueva muerte.

Apenas sensitivo me muestro,

vuelvo a la vida y sufro por todas
las regresivas leyendas que me aplastan,
las que se arrodillan en la inútil frontera
con su inmensa carga de odio poderoso,
desollándose después contra los riscos.

DE
SATURNALES ECOS DEL SILENCIO

I

Ven a mí y mira cómo desgarro mi pecho
con la celeste escama del dragón que te ofrezco.
Observa las víboras hacer sus nidos en estas sufridas tierras que enmascaran su magia.
Toma de mi alforja todo lo que encuentres,
en ella hay reliquias antiguas con las que podrás soportar
la vida.

Había en la antigüedad otro modo de sacarse el corazón.

Soy el aprendiz de extranjero
sin rumbo ni brújula que pudieran deshacer
el telar de las arañas hechizadas que nacen del viento.
Sueño con aquel mar que me resucitaba en una
miserable arboleda que me dolía,
árboles de los que solo quedan aquellas letras
que formaban tu nombre.
Hemos ganado y perdido todo cuanto en verdad
ya no lo necesitamos.
Pero eso y lo demás es lo de menos;
lo luminoso nos hace desconocidos,
nos han dividido hasta la eternidad la hierba, la historia
y los insectos mansos...

V

En el ángulo más perdido de tu amor
vi el infierno.
Desde entonces, como si fuera mi patria,
lo hice mío.
Concebí definitivas sus fronteras,
puse en él mi bandera,
esa que de perfil parece un barco que se quiebra

y de frente, un cuchillo laborioso como una colmena.
En tu sombra quedaba letárgico
semejante a esas semillas que en el invierno crecen hacia
adentro,
mientras en el muelle las gaviotas brotaban del agua
con sus picos negros y brillantes de petróleo.
En tus ojos australes la muerte mutila mi vida.
Confirmo entonces que esta aventura de las infinidades
ha valido la pena.
Lo único que he sabido es que tienes
un extraño sentimiento de todo cuanto pueden significar
el dolor y la pureza.
Mi madre se me está cayendo en pedazos...

VII

Los saturnales ecos del silencio me aturden.
El patio se ha quedado solo con las sombras que un día fuimos tú y yo sobre la tierra.
Fue de todos modos innecesario haber vivido tanto
como para aguantar tanto colmillo,
tantos animales extraños que venían a tocar en nuestra
puerta
y aquellas palabras que parecían comprensibles
y que no fueron otra cosa que un perro triste
pudriéndose entre las flores,
algo que definitivamente se desintegra con el roce del
viento.
Así, en el fondo del vaso,
veo al hechicero que suda tratando de cuajar su caldo.
En él ha puesto las sucesivas trampas que nacen con el
hombre,
la morfina que lo deja ajeno a las contracciones de la tierra
y a sus mutilaciones,

las hojas que susurran la arboleda que fue.
Y es que en cada vida hay un milagro,
pero la vida es aún más milagrosa y necesaria.
¡Pobre brujo que no sabe que su sombra es ya lo único que queda!
Como una calle desconocida que andamos
y que de pronto, sin avisarnos, se termina...

IX

Esta es la imagen: la plenitud de la libélula que levita
entre cielo y tierra,
los astros y las lombrices;
aquello que desenterramos vagamente de la memoria.
Llego con mis muñones al bosque
y me pongo a hablar con los tocones.
Llego con mis neblinas
y voy a conversar con la antigüedad de lo aparente.
Esto es lo que trae al mundo la poesía
como un árbol de raíces anónimas:
la paciencia del ovario gestando un óvulo podrido
el dilema de ser joven e inédito
de ser viejo y estar en una trampa.

La poesía es como esas mariposas que nacen
de las miasmas
que todo humano en su interior encierra...

XI

Nace el trueno en la montaña
y entre las hojas, el viento.
Diariamente pago con mi sangre el tributo
por el dudoso privilegio de haber nacido

y ser hombre.
Mi asco me permite justificar lo inquietante
que resulta vivir.
No es por gusto que los erizos vengan con sus púas
y los alacranes con sus leznas
o que en algunas de las flores más bellas
ande oculto el más hondo veneno.
El oro de coágulos amarillos con el que he soñado,
las sílabas con las que diariamente penetro ese sofisma siniestro
con el que juego a soportar la vida,
las novias que he tenido,
aquellas que emigraron y me desterraron
y ahora dicen que nunca me conocieron;
todo ello forma parte de una historia
de la que no es bueno ni saludable hablar.
Me salva el verbo y el odio me sostiene.
Con su escoba mágica, Dios me borrará pronto, apartán-
dome como si nunca nada me hubiera sucedido...

XIII

El viejo relojero trata de precisar,
con más exactitud, el mundo,
mientras el bebedor de leche tibia predice el tiempo
por el espesor del líquido que resbala en su barba.
El guerrero marcha jubiloso a su tensa jornada
con la cruel saciedad de una colonia de espantapájaros. Todos juegan a la gallina ciega en el huerto que un día defi-
nió la pureza mientras Dios está cada minuto
más triste y más solo en las alturas.
He llegado a creer que los neuróticos
son los únicos que pueden salvar al universo.
He llegado a pensar que los poetas,

como el relojero, el bebedor de leche tibia,
el guerrero y Dios, lo que hacen es confundirlo todo...

V

Dentro del basurero, los gorriones
picotean los hollejos de naranjas,
se llevan en sus picos pedazos de algodones neutros,
hacen sus nidos dentro de un perro muerto.

La miel inaccesible es siempre cruel,
por eso los gorriones, con esa levedad
hecha tendones, buscan en la mañana
el cauce seco de los ríos de aquel soñado,
doliente paraíso...

XVI

En la vida sólo es eterno aquello que nace para olvidarse.
Por eso el Diablo, desde la eternidad, ha sido el único
que ha querido que el hombre sea
realmente humano...

LA DECISIÓN DE ULISES

> *Pero en el corazón*
> *ninguna cruz me falta.*
>
> *Es mi corazón*
> *el país más devastado.*
> **Giuseppe Ungaretti**

MI CUARTO ES UN INSÓLITO BARCO
DE OTROS TIEMPOS;

yo soy el polizón, el pirata, el misionero.
Mi deformidad, no obstante, me permite
urdir un fiero ceremonial ante la tradición y la amenaza.
No hay puerto más desolado que el hostil corazón de un
marino
ni otra patria que una mujer desnuda que grita
en un idioma avieso y salvaje:
"Sálvame de este cuarto con olor a hombre desconocido".

Mi raza es la de los hombres crudos e insomnes.
Mi testimonio no es el del desertor
pero tampoco de la cariátide.
Las palabras son como brasas sin sombra;
eso lo saben todos los que de alguna forma
formamos parte de esta ambigua tripulación.
Afuera, el mar, el mar, el mar.
Pero esta es mi versión de los hechos,
lo confesable es un potro al que sajo los flancos
con mis espuelas jubilosas
para que corra,
para que vuele.

"Heredarás la soledad", así dijeron
a este ciego que de alguna manera esto escribe.
No es bueno poseer un corazón traslúcido
ni andar como yo ando,
sobre una armazón de fatigada madera
que se desnuda y danza ante la tormenta.
Pero somos hombres y estamos en el deber de sufrir.
No vamos a ninguna fiesta,

es hora de lanzar por la borda las caretas.
¿Quién estuvo anoche de guardia?
Se quedó dormido y dejó caer su pipa
sobre una linda luna de paja.
Cuando esta embarcación se hunda
aquí estaremos como grandes neuróticos
ardiendo ante la atroz belleza del mar.
Solo se salva Dios por sus cuchillos
y mi memoria no logra recordarlo,
ahora que estamos tomados de las manos
mirando las barcazas pasar,
sembrando un árbol de arena a la orilla del mar.
Estoy dentro de mí,
la soledad me habita como un licor espeso y fiero.
Tu arquero ha llegado, el astuto que tomó una ciudad.
Dile al otro que salga del arca y dame de comer,
mis ojos no te despertarán.
A nosotros nos ha sido revelada
la humilde impostura del pasto, los sinuosos
brebajes que perpetúan el olvido.
Lo soñado ya forma parte de la trama.
Hay una flor que prefirió ser horrible
a ser bella y morir;
por eso hay hombres cuya única memoria
es la de haber nacido sin sus ojos.
No moriré;
ya presiento otro vientre que viene.
¿Qué otro he de encontrar en otro?
Ya conocemos el veredicto:
No hay salvación ni tregua,
todos hemos sido unos deliberados canallas,
pero somos orgullosos y nos da asco arrepentirnos.
No empujen, por favor; las damas y los niños primero.
Y tú, no te aproveches del naufragio y devuélveme

el garrafón de vino.
Ah, mi hechicera, mi virgen de cada noche,
soy amargo, pero déjame partir,
el mar es el único alfarero de los hombres.
¿Qué palabra mía, de amor, la mató?
Los muertos, en la memoria del soñado, se levantan
y en su deformidad caminan dando tumbos.
Debemos apurarnos,
el hambre oceánica del misterio
en cualquier momento comienza la cacería.

He de morir sin haber visto la mañana prometida.

LOS EMIGRANTES

Laboriosamente el aniquilamiento prepara el hombre con
su vida.
Piedra a piedra, va incorporando al mundo
una torre donde los inmortales maduran sus determinacio-
nes.
Con impiedad, carga en su asno la biblioteca de cerámica
que lo soñó de niño,
los grimorios escritos con la sangre bondadosa del Diablo,
un rollo con las profecías más alucinantes de la loca de Cu-
mas,
la poseída de Delfos.
Allí en su piel oscura, están los enormes tatuajes:
verdes dragones brotando en una placenta de fuego
de una matriz humana, bifurcados en una jungla antigua,
momias aguardando, con sus sexos de polvo desesperados,
la resurrección,
un corrompido pez con una flecha bailando en sus ojos lu-
minosos,
barcas de arena, transparentes, donde los ilotas son enanos
y su capitán, un viejo ciego y drogado.
El pobre jumento ha de pensar que la realidad
es la más dolorosa pesadilla.
Pero el libro dice que nadie es profeta en su tierra
y pone también sus armas en el lomo llagado,
las cenizas de sus antepasados, una reliquia inmortal
que ganó a los dados.
¿Fue en Medina, en Jerusalén, en El Cairo?
El grillete que lo hizo inevitable en la construcción de la pirámide.
El púrpura albornoz es ahora una sombra rielando en las
dunas mutiladas del desierto.

Chacales, espectros y aves de rapiña se entremezclan
en la noche saqueada como una tumba.
(La sed es como un río que transcurre hacia adentro).
Onagro y hombre son una misma sombra, una sola huella
bajo la esfera humilde de la noche.
Han de cruzar las ruinas de una ciudad que fue hermosa;
tenía niños y estaba arrodillada junto al mar.
(Lamiendo el mar como una vaca blanca a las piedras sala-
das).
Aquí quedó la maldición;
de las casuchas remotas del pantano
irrumpe un olor mefítico de ángel con las alas quemadas,
las cariátides lanzan sus saetas emponzoñadas,
las estatuas sin cabeza de los viejos profetas gritan
en un idioma avieso y zahorí:
"Este es el veredicto: ustedes son oscuros y culpables"
En Fayum, en Calcuta, en Alejandría,
ha de hallar a los siervos preparando sus oscuras venganzas,
a esos animales desconocidos que escriben, en el barro hu-
medecido
con la leche materna de Medusa, memorias y presagios.
El hombre ofrece al animal de su propia cerveza,
de su propia hambre ahora convertido en un pan
amasado con los ojos de su madre muerta.
Confundidos por la perversidad de los espacios, respon-
den a los acertijos que trae cada madrugada
y se duermen...
Mañana estarán en otra parte.
(Siempre el hombre transcurre en un sitio y pasa en otra
parte.)
La vida es una ventana de hierba con un muro delante.

Despierto. Son las tres y treinta de la madrugada.
Fumo, la semilla es un bosque encerrado en sí mismo.
En la calle alguien pasa golpeando las paredes.
Yo también voy pasando.
Escucho y nada. Yo tampoco soy nada.
Se han bebido la última cerveza del mundo en La Marina.
En el patio un animal me llama.
Vamos, garañón, a recorrer el mundo.
Ayúdame con los recuerdos, con mi carga de hombre.
No te abandonaré en estas soledades
con tus ojos húmedos, de cristal negro,
tu lomo plagado.
No te abandonaré
aunque yo sea más poeta
que madre.

LA ROSA DE JERICÓ

I

Son los mismos de siempre los que cantan.
Las sirenas tatuaron sus caras;
tuvimos el sueño de las piedras,
atestiguamos las tradiciones fervorosas, los rugidos de la
sedición.
Habitamos el sanguíneo planeta como ceniza confundida
en una urna fúnebre.
Eran los estandartes de nosotros, los vivos,
los perversos herméticos;
no obstante, no dijeron ni "esta boca es mía",
ni siquiera los hombres que desfallecían
con una desolación de tiburón y páramo.
Con pasión reconocimos las tumbas donde los hechiceros y
los locos
proclamaban los nuevos enigmas,
las catástrofes de los mesías inauditos
exorcizando la estirpe de moros y judíos.
Los buhoneros pasaron con sus mulas imposibles
mientras las pitonisas no querían confiar sus cuerpos dro-
gados,
ni siquiera a los enanos que preparaban la magia
del laurel.
Esos mismos hombres diafanizaron sus emblemas, se dis-
tinguieron
por sus plumas, por sus caireles rojos o amarillos; pugna-
ron por una vastedad sin fronteras que en su especie fuese
única y tremenda.
Con las máscaras de los desolados y los inermes penetra-
ron en las tabernas de Pompeya,
buscaron el trípode de oro en una gruta de Delfos,

besaron las arenas que se desprendían de los papiros,
las letras hechizadas del Corán, la Biblia y el Talmud, esta-
faron la verdad de la historia,
falsificaron las madrugadas.
Pusieron a un lado los arquetipos y las degollinas,
conformaron bandos y reinados
con el fin de no sentirse totalmente oscuros,
deshicieron algunos entuertos memorables
para que no dijeran...
(Siempre pensaban: ¿Qué dirá de mí el mañana?)
Allá, en la morería, los cristianos lloraban por un simple
rumor.
Eran contrahechos golems, hombres de palo...
Fuimos los mismos siempre, de eso no hay dudas.
Cada especie con alabancia insólita se hizo llamar
El Hombre.
Recogimos el misterio de las espesas madrugadas
donde el hachís y el opio suplían el desdén de los inmorta-
les.
Un cazador salía, regresaba luego y su morral oscuro apes-
taba a animales fabulosos y eternos.
En él traía un anca de unicornio, el apetitoso corazón de
una sirena.
El pájaro rock andaba por las cumbres de Ararat
gestando genios y fantasmas.
Las hidras no temían los presagios.
En las criptas, la Rosa del misterio
logró suplir la sed por una eternidad
que aun no comprendo.
Máscaras otra vez, toros de ónix...
Presentíamos los abortos, las estatuas, las manifestaciones.
Era todo de sueños.
(No es bello el tiempo en que todo es realidad).
Nos fue legado el don de la perpetuidad olvidada,

de las premoniciones.
La vida se convirtió en una cosa rara;
tuvimos el traidor necesario,
la soledad necesaria,
los muertos necesarios.
Fuimos de una raza absorta en el abismo
mientras, con hambre, recorríamos los caminos.
Inconcebibles hombres con panteras adentro.
Los remotos venenos nos descubren, y esas casualidades
son desconocidas hasta del mismo azar.
En los conventos se emparedaban a los hijos del diablo
y, en las grandes contiendas,
los guerreros penetraban a la cueva de Dios y los comían.

II

Seguimos en verdad siendo los mismos.
Algo tenemos de inauditos dioses
y da lo mismo ser latino que cretino.
Enloquecer de pronto y salir dando gritos ya no es
una gran hazaña,
meterse un tiro en la cabeza es algo tan común
como tener un hijo.
El color de la sangre permanece, bello y terrible como un
amanecer.
En los acantilados hay hombres que pierden la cabeza contra el mar.
Nonatos, hicimos un muro, un laberinto
contra la esperanza.
Nosotros, mártires de la palabra,
los que amamos su oscura carne escupida por siglos de pa-
rias y traidores.

Un volcán anda, como un perro, suelto entre nosotros, animal de fuego hundido

como un cuchillo tembloroso en nuestros corazones. Debemos conjurar el maleficio, somos culpables.
Eso lo han dicho
los que se han muerto para siempre con sus hermosos ojos
que no debían nada al universo.
Soy de los que han renegado, los que han dicho
que este barco no se mueve.
Creo en los locos ya que son los únicos amos
de sus sueños;
la profanación me tienta.
Robaría ahora mismo todas las tumbas,
todos los mausoleos
y con los huesos, los sudarios y las joyas,
escribiría un poema de amor que se pudiera leer desde el
espacio.
No quiero que nadie escoja a mis amigos, no quiero
que nadie planifique a quién debo amar.
Los acosados vuélvense salvajes,
escuchan el veredicto imperturbablemente,
se pierden en sus imaginarias bifurcaciones
mientras preparan el siniestro poema
que le pidió el ministro.
Expiemos el sacrificio, el sacrilegio que ya casi supone lla-
marnos como hermanos.
La abominación está en nosotros,
en la naturaleza habita la irreal Rosa de Jericó. Sola,
sin percatarse para nada de la resurrección.
Ella es la Rosa mágica y velada que yo vi una tarde. So-
ñada alguna vez, cuando Dios se emborrachó como un canalla,
se quitó sus harapos de mendigo
y en un sueño alucinante los lanzó
con asco y amor
a la cara

del mundo.

ANIMALES PUDRIÉNDOSE EN LA ORILLA DEL YU-MURÍ

En la mojada tarde los cangrejos irrumpen
entre el fango sangroso de la orilla del río.
Otros animales son como diosecillos
que se pudren silenciosamente al viento.
A un hombre le aterraban los espacios infinitos;
a mí la vida y este mínimo sendero
que va de mi casa a la cervecera
y de La Marina hasta el puente.
Pero yo sólo creo en el amor
y en esas breves espinas
y en los peces que se prolongan en sus márgenes
con sus vientres hinchados. Verdes moscas metálicas
(cantáridas)
y negras.
En las profetisas revoloteando y en un insecto
traslúcido que guía mis pasos a contrasombra.
Brota la vida de sus humildes cuevas
y me saludan.

Me agrada ser el que se borra sin creer en nada.
El universo es este caminito,
el que me fortifica y me amplía
el que me aparta de los hombres malos
el que me justifica ante esos perros, esos gallos,
esos corderos que se inflaman y dejan que brote el sol
de sus entrañas,
esos hermanos míos que se marchan...

fieles, quejumbrosos y únicos compañeros en esta travesía. Y yo no creo en Dios, pero de toda esta podredumbre renacerá la vida...

MIRIAM

En los páramos donde alguna vez florecieron Babilonia,
Nínive y Nipur,
los arqueólogos han desenterrado tablillas de barro
cocidas por el sol de aquel tiempo,
inscripciones que los eruditos han traducido
resultando en muchos casos ser juramentos
y cartas de amor...

Yo quería decirte, Miriam,
que el nombre de esta ciudad es sangriento,
que ninguna ha tenido un nombre más perverso.

Es posible, cuando hayan pasado cien
o hasta un número incontable de años,
de esto que hoy ves
no quede otra cosa que algunas estatuas,
escombros,
ratas que se adaptarán a la destrucción
y comerán arena.
Pero esta noche es bella y pasan muchas gentes.
Déjalas continuar su camino.
Esos rostros nunca se volverán
a este animal extraño que corre
y llama por sus nombres a los desconocidos.
Tú también partirás
y no veré ya más tus ojos de asustada bestezuela.

Quien piensa en el futuro
no está muerto.

Cuando hayan transcurrido mil o un millón de años
es posible que vuelvas
y es posible también
solo encuentres esa niebla misteriosa y azul
que sube todas las madrugadas desde el mar
y cubre las casas y los toros.
Busca bien y no olvides
que tú fuiste mi río,
mi río amado al que me lanzaba desnudo
sin importarme la vida ni la muerte.
Busca bajo los antiguos ladrillos
en las hojas de hierba
entre las escamas de los reptiles,
que en algún lugar yo habré dejado para ti
para ti sola
una carta de amor...

LEYENDA

Yo te soñaba, yo te volvía a la vida.

Recuérdame también con estos ojos ciegos
y no como era antes, pequeña sibila de la inquisición nau-
fragando en un junco, comerciando tu cuerpecito, tan ro-
sado...
Eran otros días, allá, cuando regresábamos de algún peregrinaje.
Bebíamos en las tabernas de los caminos
y a veces preguntábamos
y nos decían que estaba allí, detrás de alguna puerta escu-
piendo sangre.
Pero esta es otra leyenda y tus manos,
ahítas de fango, leche de oveja y carbón,
se posan como urracas en los delantales
y esperan por los turistas que van a Delfos.
Veíamos los cuadros de Renoir y sobre todo
el brillo de las joyas te encantaba.
¿Cómo era aquella que murió en tu cama,
cómo tu dolor? Personifica la eternidad con mi palabra
y ciego y sordo y mudo como soy, te digo:
"Otras leyes vendrán después de ti para explicarte
y otros cuchillos penetrarán tu carne".
Tú, riendo, mientras unos borrachos salen del bar vomitando,
acostada en la hierba con un estibador negro y sudado
mientras un pajarito te recitaba los poemas de José Ángel
Buesa.
Éramos otros, yo te creía para siempre...
saliendo del agua de los manantiales tan peligrosos de Matanzas.

Detrás de aquella misma puerta mataron una vez a dos enanos
que en su condición de obispos habían venido a santificar nuestros esponsales.
Es una historia larga.
Es una triste historia, y fidedigna.
En la noche nos quemábamos en una misma hoguera
y tú eras una tibia leona que se abría el vientre
para que yo durmiera tranquilo.
Tu sexo era un alacrán que se aferraba a mi boca.
Yo te quería, nos mataban
y nos mirábamos a los ojos y nos decíamos aquellas cosas
tan graciosas que nos gritábamos
mientras las llamas penetraban nuestros huesos. Buscábamos, ya en el buscar uno puede hallarse,
y entonces preguntábamos por Dios
y tocábamos su puerta y nos abría un actor borracho
que decía:
"No puedo atenderlos, me estoy sacando las cejas,
las pestañas, me estoy sacando el corazón.
Me estoy muriendo y quiero morirme solo.
Ya uno ni siquiera puede morir tranquilamente".
Y nos reíamos, pásame el cigarro, tengo frío. ¡Qué vamos a morirnos! ¡Nos salvamos!
No seas jodedor, debes morir serenamente,
debes envejecer con dignidad...
Y diciendo y hablando de cosas baladíes, felices
y jugando... ¿Y a que tú no me pares, a que no puedes?
Buscábamos los manantiales, bebíamos del agua de los condenados,
de los fugitivos, de los inconclusos,
y qué digo, ¿qué van a enseñarme a mí,
qué van a mostrarme que no haya visto ya?

Eran otros tiempos y andábamos llenos de ilusiones azules
y llenos de muerte, y por eso vivíamos.
Nos amábamos cada noche como si comprendiéramos
que a la mañana siguiente íbamos a morir.
Quiéreme también con mis ojos de muerto, con mis llagas,
con este corazón que debe todo al mundo.
Nos han robado las últimas vestiduras
y nos han regalado los intensos fríos.
Nos persigue el tiempo. Tiene los ojos violetas,
camina muy despacio y no se cansa.
Recuérdame con éstos que ya están vacíos.
Tus piernas son muy viejas,
yo te quiero,
yo te sigo queriendo.
No me huyas, no voy a hacerte daño.
Busco la muerte y es en vano,
no puede morir quien te haya amado.
Descansa en paz. Volveremos a vivir, volveremos
a preguntar por Él y a, lo mejor,
cuando los actores estén en lo suyo,
en otro momento, en otra vida,
aparece...

LA DECISIÓN DE ULISES

Me avisaron en sueños. Ítaca andaba lejos.
Yo, desnudo en la playa,
sin otra patria que tu vientre, sin otra frontera
que el delirio.
Una barca pasó, su mascarón soñaba. Dorado el mástil,
la canción armada.
El porquerizo reconocería mis ojos devorados
por la bruma,
descubriría en el carcaj, la flecha que me explicó de niño,
el oráculo así se cumpliría.
El primer cuchillazo lo lanzará Penélope,
hace ya mucho tiempo que concluyó el sudario.
Es cierto que quisiera regresar sin ser visto
con una tentativa de mendigo y de hueso
que roeré contento.
¿Habrá ella explicado cómo tensar el arco?
Véngate, ah, cautivo del tiempo,
Ah, presagioso.
Yo, cocinando en un templo abandonado a unos monjes le-
prosos.
Yo, como un árbol gravitando en el viento.
La trampa para el último de los mortales ya ha sido
abierta,
le pusieron por cebo el universo.
Somos como tigres, pero estamos castrados.
El mar es un mágico vientre pariéndose a sí mismo,
lleno de ansias crepusculares.
Y el tiempo, ah, el tiempo donde los ojos fabulosos pene-
tran hasta la raíz retorcida del llanto.

Dioses podridos, ciegos, conquistadores que esperan una barca que los devuelva a casa.

Mi corazón huele a nave de hombre.

Me he muerto muchas veces, me he muerto demasiado y así me han repartido más de lo necesario...

En cada invierno se muere un hombre triste.

De una oscura manera, la Patria siempre irá conmigo.

Imagino una noche que sea para todos. Humilde, terrenal-mente buena.

No volveré. Debe el hombre envejecer con dignidad.

Llevadme a cualquier sitio.

Hay mucho amor, muchos caminos,
las noches que necesito para desentrañarme.

No volveré.

Un corazón que nace
tiene derecho al mundo...

DE
MEMORIAS DEL BUFÓN
(1989 – 1992)

–¿Qué es lo que en la historia
se ve muy raras veces?
–Un tirano viejo.
Tales De Mileto

Nada de cuanto Es puede perecer,
porque todo cuanto Es está contenido en Dios.
Por esto los sabios no lloran ni a los vivos ni a los muertos.
Porque jamás yo he dejado de ser,
ni tú, ni ningún hombre, y jamás dejaremos de ser,
nosotros todos, más allá de la vida presente.
Mahabarata

I

Soy más perfecto que dios.
Al menos yo admito mi deformidad
y la muestro.

Desconozco a esa que me odió desde el vientre
la que me desterró de sus maduros brazos
cambiando mi rareza por dinero.

Amo a mi madre.
Amo a la que fue mi madre,
a la que pudo haber
sido mi madre.
Por lo menos sé que fue sincera;
como quien ahuyenta a una mosca tenaz,
me apartó de su vida.
A ella es la única que en el mundo no he engañado.
Ella me vio con sus enormes ojos y sondeó el horror de mi alma.
Esos son los únicos y verdaderos ojos que me han mirado.
Con ella sueño a veces
y son, de mi vida, los instantes en que soy feliz.
En eso de soñar soy más perfecto que los hombres.

Dicen los médicos de palacio que mi sangre y mi corazón
no se diferencian al del resto de los mortales;
que mi sexo es idéntico al de ellos
y que puedo engendrar como cualquiera.
Mas, ¿para qué tener un hijo?
Un hijo siempre es cruel y tengo miedo odiarlo.

Estos son mis pensamientos,
la única flaqueza que en mi vida admito.

Nací de un rencor asombroso.
Soy el odio,
a él me atengo,
a él encomiendo mi espíritu.
Odio que es puro puesto que es verdadero.
Todo lo demás es deleznable.
Desconozco el futuro,
lloro al imaginarlo.

III

Quiero dejar constancia, por si acaso me muero,
de este sabor amargo que a mi lengua devora,
de las textuales crucifixiones del tiempo en el que habito
como una miserable salamandra de fuego.
Un breve animalito que corre por un sueño,
un venado en la sangre pastando en el vacío.
Por si no sobrevivo, dejo
la humana muerte como una oscura bofetada,
los cuchillos que el tiempo engendró en mi memoria y mi
carne, los perennes clavos que me cruzan las manos.
Sé que el tiempo borrará todo esto
y el temblor de mi pecho gastará una memoria
que delata en la noche mis vagos ademanes,
(Sólo he sido valiente con mis pensamientos.)
extrañas teorías, mordiscos de estos perros
que lamen mis estigmas,
esas desgarraduras que esperan realizarse,
los sucesivos envejecimientos, las trampas y guaridas: erra-
tas de mi vida.
Quiero dejar escrito, por si no sobrevivo,
sobre este miedo insaciable, mis insatisfacciones.
De esas cosas que siempre, por lejanas, se pierden.
Con mis pasos de enano por la tierra de nadie
me he bañado en un río que parió la leyenda

buscando la juventud que nunca tuve
(Yo nací arrugado.)
y han gritado: ¡Una rana,
una rana gigante ha caído en las redes!
Yo no soy de esa raza vana de Adonis,
pero estas sucesivas burlas y mezquindades
me han hecho doloroso y sagaz. Envenenado.
En mis desahogos penetro en la cocina
y estrangulo las gallinas,
degüello a los carneros, y su sangre lustral
limpia y opaca un tanto el odio.
Hay en mi almita una carnicería que no puedo evitar.
De todas estas cosas quiero dejar constancia,
como si fuera mi testamento.
Para cuando sea un nómada del aire venturoso y no pueda
detener, por esa lápida que todo lo perdona,
mi planta fatigada.

VII

Ah, tintorero mágico que de púrpura tiñes
los cuchillos del alba,
cronología de escuálidas aves que picotean los cielos, carcomido tiempo donde los perros adentran en la mirada la
verdinegra venganza de las arboledas.
Realidad, no eres nada sin el sueño.
El mundo es un pájaro mudo y enjaulado
y estas vaciedades no tienen que ver
con este enano contemplativo
que se convierte en todo lo que ha visto.
Ante un inocente y estático abismo que me nombra,
sólo lo que imagino
puede ser ya salvado,
se dice pan como quien habla de un sabor excomulgado.

Vivimos en un mundo, un infierno al que tanto
nos hemos acostumbrado
que si algún día, como en Jericó,
las murallas que nos cercan cayeran,
seguiríamos llevando las cadenas tan adentro,
que si las perdiéramos,
no sabríamos qué hacer con la libertad,
con los caminos...

VIII

Es mi vida el cadáver de un sueño,
un dilema que hunde su afilado dedo
en lo más hondo de mis llagas más amargas
y heridas.
Y ya no hay bálsamo o poción que duela tanto
como reptil sucesivo en las entrañas.

Hoy voy de cetrería acompañando al Rey
y observo la escrutadora flecha
saciar su hambre y desentrañarse en esa ruta
que solo el siervo posee en la pupila.
Esas saetas y halcones rarifican
el sentimiento antiguo que poseí de lo hermoso.
Toda belleza es cruel.
Llega a ser asombroso, sobre todo
en estos días de repulsivas hecatombes
donde muestran en el circo esas cavernosas bestias
y le dan pan al pueblo.
En la montaña escuchamos el bramido del dragón
cuando en la mísera hambre que lo agobia
pierde sus llamas, que son sus naturales palabras,
sus colores, y logra atrapar a un leñador
o una mariposa.

O cuando los espíritus de algunos presos
logran al fin desencarnar y van gritando su dolor,
sus apocalípticas profecías.
No me vence el universo
ni este sitio alucinante repleto de cadáveres.
Ni el amor, ese sentimiento deleznable,
sino el miedo descomunal e inmenso
que sube por la noche a mi camastro
y se aferra a mi cuerpo
como una garrapata ciega y rencorosa.

He vivido tan rápidamente
que no me he dado cuenta de mí mismo,
que no me he descifrado.
Soy un enigma, puesto que al mismo tiempo
soy animal, hombre y dios.
Por eso sé que dios es necesario al hombre,
como sé que nunca lo podrá hacer feliz.
Su impasibilidad, su orgullo,
lo hacen cada día más distante.
Querer llegar a él es como penetrar la gruta
y luchar con esa oscura bestia
que cuida la leyenda de su transparencia,
su luminosidad.
La muerte debe acercarme al mundo de donde vine,
el que me alejará de este infierno en el que he transcurrido.
¿Quién construyó esa esfinge que parece eterna,
quién sus ojos de arena, y hacia dónde miran?
Pero la Viuda es más eterna, ella tiene
cabeza de insaciable mujer, cuerpo de toro,
que es la primera escritura que grabaron en el cielo;
garras de león y alas de águila.

Esos símbolos emergen de la animalidad ancestral del
hombre y simbolizan la delicadeza y la procreación, la
fuerza viril,
la firmeza de la muerte y la libertad que ella procura.
Aquellos dioses que la edificaron, ya se fueron.
De ellos no queda ni siquiera el recuerdo,
pero su inmortalidad está en la obra
y en la sucesión milagrosa del misterio.
Por eso algunas veces escribo estos anales de mi agonía,
pues sé que ellos me sobrevivirán igual que mi odio y mi
asco.
Ellos serán el testimonio,
no de mis piruetas de simio,
sino de mi eterno soliloquio con esa montaña de huesos
que fundamentan los pilares de este reino.
Delirio de estos recuerdos que son hambrientas dentelladas.

El tiempo también borrará todo esto.
A mí sólo me salvará del olvido lo que he escrito.
Ah, dios,
¿por qué no seré yo quien esta noche se acueste con la
Reina?

X
Este lienzo salvará mi odio del olvido.

Los cortesanos miran la pintura y se ríen.
Yo tiemblo de asco e indignación,
pero también me río y me inclino cortésmente
entre las damas y los caballeros que entran al estudio
y con mi voz meliflua alabo sus últimos sombreros y enca-
jes
y pregunto por sus herederos, que serán,

no lo dudo,
más bárbaros y sanguinarios que sus progenitores.

Ellos nunca podrán adivinar lo que pienso.
Los imagino ardiendo junto a la bruja nuestra de cada día,
o comiendo un panecillo caliente espolvoreado con vi-
triolo.
Y mis sueños son dulces igual a una mujer caliente,
me dejan en éxtasis y exánime.

Mi rostro revela levemente un extraviado temblor.
La astucia ha hecho de mí
 a un innegable erudito de la sobrevivencia,
como el sapo que es feliz todo el tiempo debajo de una piedra.

Me moriré dejando el encierro de mi cuerpo sin nombre
y ya no roeré el oscuro hueso de la soledad.
No seré el culpable de tanta muerte imaginada.
Que el futuro mire mi cara y trate de descifrarla.
Soy el bufón que a veces se espanta de sus sueños.
Hay veces he querido hacer dichosa a una persona
y ahí mismo he comenzado a matarla.
Amo mi amargura. Me complazco en cesar.

Ya no seré feliz.
Sé que nunca lo será nadie totalmente.

Este lienzo salvará mi cuerpo de ese mármol antiguo
que todo lo perdona;
por alguna grieta escapará mi propio olvido.

Una aventura bien vale una vida.
La mía ha sido tramar mi azar.

XI

Es mi raza la más antigua y rara entre los hombres.
Soy de una estirpe eterna.

Con mi enorme cabeza pesándome en el cuerpo
y estas arrugas hondas y peregrinas,
soy el que en verdad conoce todo lo que ocurre en palacio.
(Sé cosas que el Rey ignora.)
Mis ojos sin párpados se abisman
y conozco el día en que la Reina se baña,
cuántos lunares hay en su cuerpo,
cuándo recibe a alguno de sus amantes.

Por la ventana de mi cuarto entra la luna
y su luminosidad me deforma aún más ante el espejo.
Sé que la luna es bella, por eso la aborrezco.

Todo en mi habitación es pequeño. Excepto mi odio.
Ah, qué asco me produce hacer reír al Rey.
En esos instantes hasta de mí mismo me duelo.

Soy limpio. Mi barba es vidrio de leche transparente.
Mi cuerpo es cálido. Breve igual al de un niño.
Tras mi apariencia torpe y acaso descuidada
se halla el crudo enigma de mis deseos e insatisfacciones.

Creo que en el mundo lo único que hay más grande que yo
es la noche
y esta realidad brutal que me oprime.

Mi humillación precisa de esta corte
que se aferra a la sobrevivencia
igual a una garrapata gorda, ciega y asesina.

Mi alegría consiste en ir mirando
cómo las sillas de los ministros y favoritos
van quedando vacías,
cómo una simple palabra,
un inocente ademán del Rey los extermina;
cómo el tiempo y las noches
vencen esta fetidez, esta falacia humana.
Mi paciencia sucede a la representación
de mis chistes soeces y mis chocarrerías,
trasciende a los huesos que me lanzan entre carcajadas,
va más allá cuando Él me ordena galopar uno de sus lebre-
les
o bajar mis pantalones
y mostrar mis atributos a las damas.

Pero persevero en esta oscura costumbre
–propia de mi raza–
de sobrevivir al cólera o la rabia,
al sitio eterno de esos invasores
que nunca nadie ha visto.

En las almenas, las escuálidas antorchas flamean,
se escucha la terrible contraseña de la madrugada,
los gritos del monarca cuando lo despierta alguna de sus
pesadillas,
(Detrás de un trono siempre hay sangre.)
Los quejidos minuciosos de los ancianos y niños
y ninguna madre puede ya acallar el hambre,
ese dolor genuino de las entrañas,
único dolor que ha hecho progresar al hombre.
Los mercenarios preparan la fogata
de la eterna bruja que en todos los reinados
siempre habrá de arder.
Pero la vida en el castillo prosigue,

desleal al pueblo que lo nutre
como una araña hinchada.

Algo salvará del olvido todo esto.
Algo sucederá.

Insoportable el alto muro,
los peces ya maduros de esperar
en el foso que ciñe la ciudad
y nuestros sueños.

La muerte, como la sarna, es loca
y a cualquiera le toca
y además, ¿qué puede el Rey saber de amor
si nunca ha besado a un caballo?

XIII

Son los regresivos instantes que aniquilan la memoria.

Han comenzado ya mis desapariciones,
por eso en la esquina de lluvia y ruina perpetuada
vuelvo mi carcomido rostro
y como quien espera un zarpazo,
digo adiós.

Comprendo que en los sueños siempre se comete algún delito; como sé que en la victoria
hay pequeñas derrotas sucesivas.
No voy a envejecer.
No puedo morir sabiendo que
hay una enrarecida sombra que me acecha
tratando de habitarme.
(Yo también incursiono en otras vidas,
me introduzco como un duende dentro de sus almas).

Bajo pena de muerte, el Rey ha prohibido soñar,
y es una lástima que esa luna tan intensa y antigua
procure intentar su propio jeroglífico
con el ansia inaudita de desentrañarse
en una eterna luminosidad que persigue a los hombres
como el odio.
No habrá ya otra verdad que la opaca humedad
que se sucede y multiplica.
Debe el hombre defender sus sueños, protegerlos
como protege la loba a sus cachorros leves y desampara-
dos.

No habrá ya otra verdad,
el árbol nace enfermo y postrimero,
oculta en la semilla la lombriz y la escoria
y en sus raíces, los esclarecimientos
de una horda de bárbaros dementes
que transfiguran la estirpe alucinante de la tierra
con una desproporcionada porción del infortunio.

¡Lástima que soñar cueste tan caro!

Hay unos niños muy hondos
que juegan en el patio a degollar una gallina,
 mientras cantan lo que dura mi insomnio
y sus padres hablan en la mesa de venganzas frustradas
con una avidez como el que nombra el pan
por tener hambre y ser ajeno,
sobreviviendo a la bondad del crimen.

Hay quien tiene miedo a decir que tiene miedo;
y, ¿cómo no sentirlo, si ya todos
pueden desnudarse con la mirada

y leer mis pensamientos?

Lo que ahora está naciendo
viene con ansia de suicidio.

Más vale transcurrir que mantenerse estático;
por eso muestro con desdén mis pezuñas deformes,
mi lengua convertida en césped.
Por eso estos tatuajes que describen mi historia.
Por eso mi joroba como quien muestra un lirio.

El monarca ha confundido la vida con su demencia,
sus pesadillas con su agonía, y no sabe
de cuál de ellas puede sentirse digno.
Esa existencia que lo agobia cuando siente terror a los libros
donde puede hallar un final inesperado
o un traidor que lo aceche detrás de alguna puerta.
Miedo de sí mismo,
de esa muerte que sabe lleva adentro.

Sólo me queda borrar este universo.
Morir es exterminar el tiempo en un instante.
Morir es matar a los demás.

XXVI

Una luz hacia adentro crea mi oscuridad,
por eso, la ceguera del sol es mi sombra
y el silencio del tiempo, mi voz.

En los subterráneos del castillo existe otra ciudad.
Una colmena podrida que en sus pluralidades revela
la dinastía escatológica del desastre.

Yo penetro en su urdimbre algunas veces, sobre todo
cuando en mi alma se extravía alguna masacre
y veo cómo los cautivos alargan sus brazos
como escuálidos tentáculos, y paso de largo
con mi traje multicolor, los cascabeles
que resuenan en lejanas galerías.
Ellos envidian mi libertad sin saber
que estoy más preso
ya que llevo las cadenas adentro.
Al menos ellos pueden traducir en palabras sus pensamientos.
(Soy heroico en los míos.)
Debajo de mi jubón llevo siempre
mendrugos que lanzo a través de las rejas,
tan antiguas, que parecen haber sido forjadas
por el mismo dios.
No lo hago por piedad, sino con el fin de disfrutar de la
fiesta
donde los presidiarios se arrancan a dentelladas,
en pedazos, la carne.
El hambre tiene cara de perro.
Los he visto extraerse los piojos y comerlos,
cazar las moscas que vienen atraídas por los cuerpos,
triturar y extraerles el tuétano
a los mágicos huesecillos de los murciélagos y ratas, ampu-
tarse los dedos y beber ávidamente de su sangre. Esas visiones llegan a reconfortar mi espíritu,
pues comprendo que, dentro de mi infortunio,
soy bastante feliz...
Es una perenne crucifixión la de estos animales,
(elogio fuera si los llamase humanos)
un aniquilamiento paulatino,
diría yo que planificado.
El ámbito en que habitan

puede ser el horror con el que amenaza el diablo
a los que entre convulsiones viven en el infierno.

Soy testigo de esa muchedumbre de cadáveres que predican
ser las cariátides, el fundamento de este reino.
Sólo del odio puede brotar la poesía.
No soy desnaturalizado, al contrario,
odiar es la cosa más natural del hombre.

Aquí hay aparentes sabios,
locos que quisieron transformarlo todo con sus ideas peregrinas.
Uno dijo que la tierra era redonda y se movía.
El otro, que la sangre circulaba en los cuerpos
y que no era este el único de los mundos habitados.
Aquí están ese guardián que un día equivocó las llaves
y quedó preso,
cazadores furtivos en los cotos reales acusados
de profanar las momias,
de hacer abortar con la mirada;
un cocinero que quemó un asado,
un copero que vertió vino en la peluca de la Reina.
Gentes que no recuerdan el motivo de sus grilletes,
la causa de su horror, que no recuerdan
la fecha en que los enterraron,
sus nombres, o si alguna vez tuvieron hijos.
Recordar es retornar al pasado,
pero ya ninguna palabra podrá salvar al hombre.

El Rey tiene en su conciencia
un cementerio.

XXXI

Todo pasó igual que pasan las aves poderosas
que anidan en los cielos
y los recuerdos, como intensos navajazos
en la carne, me duelen.
¿Adónde fue el perdido tiempo,
el que solo dejó un sueño delirante
y una honda, desesperanzada
cicatriz en el rostro?
Hay humedad en mi alma
y por eso los pozos y semilleros
buscan con avidez estas desgarraduras,
ese musgo que en mi cuerpo palpita crucificado.
¿Qué se hizo de aquellos
extravagantes reinos que eran igual que árboles
cuyas sombras procreaban
la muerte, la oscuridad, el veneno?
Por una maldición que en mí perdura,
no los cíclopes, sino nosotros, los enanos,
sobrevivimos al légamo
y a esa deforme huella de un dios que nos llevó al desastre.
Todo murió. Cesó mi vasallaje
y el oráculo más sabio, que es el tiempo,
no pudo detener el borbotón hechizado de la sangre
que irrumpe en cada hombre como una enorme rosa.
Ni magos ni sibilas ni ensalmadores evitaron que
la última noche penetrara en la ciudadela
como un soldado oscuro, rencoroso.
Nada pudo detener
las estrellas como hordas salvajes
muriendo en los charcos de la medianoche.
Ahora la Reina habita en un puerto lejano
y sus huesos se asombran de su piel carcomida
por el espanto.

Su sexo debe oler a marisco podrido,
en su carne blanquísima hay tatuajes de hombres
y de marinería.
El Rey fue arrastrado por un pueblo
que hasta ayer lo aplaudía,
su sepulcro fue violado por un ángel
que se lo llevó al paraíso
y sus doctrinas fueron aplastadas por la indiferencia
y el olvido.
Ahora el desierto,
con su vasto apetito, devora las casas
y las espinas se hunden en los palacios y los templos.
La arena, ávida, cubre las cúpulas de oro,
los antiguos libros y las pieles
sirven de alimento a las ratas que sobrevivieron.
La luna y algún que otro bandido,
los saqueadores de tumbas, se ocultan en las ruinas
y se escuchan de lejos clamoraciones,
campanas de leprosos que evitan los viajeros y las bestias.

Nunca regresaré a este perverso territorio,
mis pasos no se contaminarán con el desastre.
Soy el último sobreviviente,
el que de lejos dice adiós a sus murallas,
ahora derribadas, muertas como las de Jericó.

No me vengaron los soldados.
No me vengaron mis poemas,
sino el viento.

EL BIBLIOTECARIO DEL INFIERNO
(1991)

> *«Antes de mí, no hubo jamás crianza,*
> *sino lo eterno; yo por siempre duro:*
> *¡Oh, los que entráis, dejad toda esperanza!»*
> Dante

> *Yo sólo estoy aquí.*
> *Yo sólo poseo estos huesos.*
> *Ellos son el bastión de mi alma,*
> *la base misteriosa de esta biblioteca.*
> *Ellos necesitan escuchar mis pasos,*
> *yo, traducir su silencio.*

I

Mi amada de la noche, las piedras del camino están hambrientas
y el viento huele a nardos y a sudor de hombre.
Mi obsesión por las letras me provoca un dulce dolor,
como si me taladrasen los dientes
o tuviera gusanos en las encías, o me estuviera
borrando al besar la clara frente de la mujer
que he amado.

De madrugada, cuando la biblioteca está en silencio, escucho a través de los resquicios
la rabia silenciosa de las raíces que se aferran
a sus murallas,
el silbido rabioso de Amphisbene tratando de amputar
una de sus cabezas.
El Diablo saca del espejo su bermeja mano y pide El Zohar
o el *Dogma y ritual de la alta magia*.

Lleno los tarjeteros, actualizo la bibliografía
y en esos rollos de papiro y cuero
está el eco de mi alma.
Mi alma como un sillón moviéndose solo en una biblioteca vacía.
Elaboro mis humanas venganzas en aquellos
seres ávidos de una sabiduría
que hará negrear el mismo día.
Los espíritus me conjeturan. Soy el juglar
de una insaciable maldición que perdura.

Mi amada de la noche: las piedras del camino están hambrientas

y el viento huele a nardos y a sudor de hombre,
pero yo habito estupendamente en la locura.

II

Estas galerías son silenciosas como caballos de madera.
Cuando el Diablo viene a leer un infolio,
me observa con rencor y ríe.
No lo comprendo,
para estar a su alcance se precisa ser hombre;
pero prefiero ser un animal,
una lombriz o un oso hormiguero, por ejemplo.

Lo mismo que Judas cuando entrega al poeta,
él habla de su excelso linaje, de sus huesos
que no son amarillentos mortales,
sino blancos con transparencia de cristal.
Los hombres no saben morir con dignidad,
por eso cuando deliro y me aterro
y entre el cielo y la tierra me aplastan,
reafirmo en cada paso estas nudosas piernas,
el extraño bastón que siempre va conmigo
y en la alta noche se transforma en serpiente.

Esa es mi historia: si quiero la crean
también debo testimoniar mis mentiras.

Los ancianos equivocan los sueños con la vida.
Cada libro de esos que ves agitar, contraer y delirar,
llena un espacio en mi vida,
igual a un sitio en las estanterías.

Lo que quiero confiarte
no tiene que ver nada con ellos.

Los cuido y mantengo juntos para que no se agoten.
Cuando me haga ceniza, ellos se irán conmigo.
Por eso dicen que cuando muere un hombre
se extingue una biblioteca.
Que cuando muere un hombre
está muriendo junto a él
el mundo.

III

Sobre un viejo cementerio se edificó esta biblioteca.
Su estructura, delirante y estéril,
clamorea la invención del insomnio y de la luna.

He pensado que no es casualidad
habitar en el mismo lugar donde vive y es feliz la muerte.
Pero yo la humillo con mis pasos e imprecaciones.

Puve Lares, mi maga, se desnuda hambrienta
y es apenas entonces que comienza a descifrar mi apetito,
mi hambre de lejana y luminosa carne.

Hay pasos que uno da sin sospechar que conducen
al desastre.

IV

Camino sobre los túmulos, ahora borrados
por el viento neutro y enfermizo que en su venganza es
un cíclope ciego y castrado retornando al vientre.
Soy el intérprete de la luna y por eso la odio.
Mundos y pirámides que aun habitan esos
Grandes Antiguos.
Sobrevivo en un ámbito que no puede ser más satánico,
universo que recorro pleno de volúmenes y anaqueles,

donde los parásitos y las ratas
se hartan de mis quevedos y mi gorro frigio,
las babuchas que heredé de Abú Casen,
los conjuros del papa Honorio, Paracelso,
Eliphas Leví.
Esos ejemplares adorados...

En cada rosa subyace el horror.
En cualquier vientre vive un gran demonio
o un pequeño dios.

Lo más raro, valioso y sagrado del tiempo
es el pasado.

VI

Un bibliotecario se adapta al horror y llega, incluso,
a compadecer a esas criaturas calladas
que permanecen en el mundo y nunca mueren.

Yo falsifico mis límites coléricos
y cuando el Yumurí se desborda
y cubre con légamo y algas los estantes, afirmo
que hasta el mismo tabernáculo de Satanás es efímero.

Aniquilado, con los harapos de fango,
desando el camino de mis antepasados.
En cada paso se extermina la historia.
Yo fui el ensalmador que interpretaba
el ávido lenguaje de las piedras, el dialecto
de los astutos árboles y de la mansa hierba;
el que traducía la ceguera de los peces abisales,
la pureza idiomática de los mares.
Nací leyendo el jeroglífico de las estrellas,

representé percepciones que no me pertenecían,
cuidé las reliquias, devasté los santuarios,
robé las naranjas del sol en las Hespérides.
Falsifiqué una cruz y la vendí en pedazos.
Fui emperador en China y César en Italia...

Nada en la tierra me es desconocido:
el itinerario de las aves de cristal, el efluvio
de las hembras cuando menstrúan,
la opresión insoportable de las catacumbas,
las cuevas hechizadas del Indostán,
el vapor que se escapa de las venas cuando en invierno se
abren, lo umbroso, lo incurable, lo poco que hay de bueno.
Descifro en las cornamentas del uro y las garras del tigre
cuánta sangre correrá por ellas,
cuántas tentativas y cuántos corazones se perderán en
ellas.

Astutamente me deshabito, engendro y paro
hasta ser el peregrino que se enraíza en una ciudadela si-
tiada y se disputa un hueso con las ratas
y canta donde las mujeres hablan con la mirada
y pega las cabezas de las estatuas
y lee en las cenizas de las bibliotecas
y pide en las tabernas un vino amargo que nunca nadie le
dará.

Revelo, con mi primitiva forma de mirar a los espacios,
que yo no estoy perdido,
que soy la perdición y que esta noche, tal vez,
todos estemos comiendo en el infierno.

VII

Estas son mis piernas,

son duras de tanto recorrer los caminos
y de tanto ir delante de la muerte.

He visto muchos cadáveres,
son serenos, no hacen alarde, y eso que uno solo
sabe más de esa cuestión
que todos los teósofos, filósofos y poetas.

Yo conjeturo:
Cuando los hombres mueren
están mirando algo detrás de sus párpados cerrados.
Que hay una cosa que en la muerte no muere.
Una cosa en el hombre que la muerte no puede matar.

VIII

En mi peregrinaje por los densos vericuetos
de esta biblioteca, he descifrado los agrios
abortos de la memoria. Soy la curiosa
heredad de una tradición que me hace
ser el autómata de atávico terror a la noche.
Soy ese engendro de las arboledas
vasto y contemplativo
que aborrece con fervor los códigos de la horda.

Este lugar posee sus tumores, ganglios, costras.
Tiene su corazón que amargo late.
Es opresiva como esa cueva que habito
en un fantástico mundo de conjeturas.
Y si he sobrevivido en las devoraciones,
es por la incesante ruina que en sí
halla carne suficiente para su apetito.

XVI

Los sueños son más minuciosos y terribles que la realidad.
Ah, mi río amado, mi gastado Yumurí de márgenes pútri-
das
y gaviotas sucias sobre tu dócil lomo.
Aquí me tienes, entregándome a tus lunarios,
orgulloso y borracho como Li-Po,
nadando en tus tercas y envejecidas aguas
donde la ciudad vierte sus crímenes y sus colmillos.
La ciudad que interpreta tu amor
y hunde en tu mansa carne su cornamenta estéril, oscure-
ciendo el origen de todo un coágulo esmeralda.
Pero mi antigüedad de bohemio y bibliotecario
justifican este disfraz que intento
fanático en tu vientre:
esos centauros y unicornios que lamen tus orillas llagadas,
sirenas que cantan desde tus pantanos y marismas, dragones que se revuelcan en tu fondo sin fin,
bestezuelas de niebla sucesiva se nutren de tu limo,
de los peces raros que aún pueden salvar el mundo.
Antiguo eres y verduzco como las venas de mi amada.
Pero afirmo: Eres prodigioso.
Notable es la sucesión que en ti irrumpe,
fabuloso en tu latir de poesía y magia.
Aquí me tienes, sumergido en los vestigios de tu antigua
armonía,
donde los nigromantes depositan sus sacrificios,
el sol podrido, por ser todas las mañanas desenterrado.
En ti busco no la mutilación, sino el misterio,
no la sangre sino la lejanía.
Y observo los minotauros de fabuloso ayuno
y a los canes cerberos hurgando en tu hondo cieno
el dulce y milenario vellocino de oro.

Vengo a ti y me hundo con mis libros

en el último y cansado amanecer del mundo.

XV

Como una ballena de insaciable apetito es mi biblioteca.
Ella es mi Rocinante,
atroz cabalgadura pradereando los mares.
Este es el rencoroso habitáculo,
heredero de los espíritus que me pueblan.
Pero yo disfruto de esta reclusión cuyo jornal es el hechizo,
imaginar un mundo es mejor que habitarlo.
Es la magia inagotable de un descabezado
que rehace y mutila su envejecido universo.
Me identifico con estas piernas de terracota,
con mis dientes gastados de roer sus costillas
tratando de encontrar algo de un resplandor
que creo ajeno.
Un mutilado soy de esta anónima batalla
donde habito en un vientre hermético y maloliente,
donde lo único razonable es esta celda
en que escucho el ludir de los dragones emplumados.
Todo soy: Jonás, Achad, Ulises o el Leviatán que canta buscando en el universo algo que pueda nacer de sí
con la memoria intacta.
Por su cruda garganta transcurre ya esa trama,
la que atesora en sus entrañas la tragedia.
Yo habito en su interior de abismo, soy el imaginario, minucioso ser con una tentativa sin fronteras.

He agotado mi vida en un sueño,
un sueño con corazón de hombre.

El deslumbramiento de un océano que presiento
y no veo.
La luna no es la misma,

terrible o luminosa para todos.
Un mutilado soy que me descifro o trato
y cuando bebo, canto en un idioma estéril,
ofrezco el vino en una vasija de un púrpura doliente arrodillada de músculos y arterias,
que guarda un insólito memorial que no recuerda nada.
Soy entonces terrible como son los niños
y brindo por todo lo que desconozco,
por el enigma y la poesía que es la luz de la tierra,
por el cuerpo diferente que a sí se halla
y confunde su sombra en la arboleda.

El vino que ofrezco no lo puede contener
otro cántaro que mi corazón.

XXI

La traducción de la transparencia, la textual
imagen de sus espejismos.
Ah de mis jeroglíficos aztecas, mis apostasías,
délficas hecatombes, bacanales de Corinto,
saciedades en Capri,
mujeres de Creta ignorando mi amor, pajareando desnu-
das en los sudados cuernos,
símbolos que representaron a la maravilla, Miriam,
Puve Lares, Anna Perenna: eternas mías...
En el delirio me inventé esta biblioteca,
la fundé en el infierno con el pretexto de no negar
mi cólera,
de proteger la palabra de quienes no creen en ella.
La palabra, como un niño tibio oliendo a leche, criatura de
siempre.
La inventé salobre y dulce, peculiar como el grumo
que incesante procrea.
Abomino la palabra sin aliento,

cada letra, cada tilde sin aliento es una vejación. *Determina-ción y silencio,*
esta es la clave de un poeta conjurado,
el árbitro de la elegancia contra un César,
la señal del hombre que sabía
que cuando terminara la noche, no estaría.

Un bibliotecario es el silencio
de un sillón moviéndose asmático y jadeante
en una biblioteca que lame como un perro sus heridas
mientras prepara el fuego, su ceniza purísima...

XXII

En Agrigento, en Pompeya, aquí mismo en Matanzas,
he visto la muerte.
En los pantanos donde nació el fantasma terrible
de Inglaterra,
en las orillas palúdicas del Orinoco,
en las arenas salobres del norte de México,
la he contemplado.
Sentada en una piedra del Yumurí,
caminando por el puente de Bacunayagua
mientras se lanzaba una y otra vez,
interminablemente, hacia el abismo.
Dormida yo la he visto
y soñando.

E íbamos caminando por esta ciudad enceguecida,
la que en cada recorrido se inventaba un nuevo nombre.
Y tu cuerpo indefenso reflejándose en la luna de insaciable
hojarasca.
¿Cómo se llamará mi muerte sino Miriam,
y cómo he de nombrarla si las dos tienen la misma cara?

Ven a mí y dame a beber tu saliva sagrada,
ah, mi dulce titiritera, mía para siempre;
la que detrás de tu vientre y tus ojos
juramenta y paraliza mi corazón de hombre.
Y una herida de navaja, como fanática ala de mariposa en
tu cuello.
Y tus ojos, caballos de una incesante niebla mirándome
desde la hierba.
Musas mías, soy sólo un bibliotecario hereje
perseguido hace siglos por Torquemada,
excomulgado y vicioso a las vidas deformes,
hermano de leprosos y tullidos,
amigo de los que sienten hambre y frío,
compañero de los acosados y suicidas.

Mira esos volúmenes, esos tratados y compendios
que tratan de describir el silencio y su historia.
Es como si cada uno
los hubiese escrito y estuviera
respirando su acre polvo dentro de ellos.

¡La aventura, la aventura y la magia
que es vivir en cada página de un libro!

La muerte siempre llega con el rostro amado...

XXVII

No quisiera recordar, mas tengo la desgracia de ser hom-
bre.
Esa es la ventaja que las piedras y los animales nos llevan.
Toda búsqueda es vana, incluso la de la felicidad.
La verdad de los sueños es cruel,
de una vaguedad impenetrable.
Sé que tengo que morir,

es lo único que en la vida no ignoro.
Toda suposición está basada en el olvido.
No he hallado nada que me diga:
"Aquí tienes mi rostro, detrás no oculta nada,
como lo ves, así es".
La tierra no se parece en nada al hombre.
Ella es buena y por tanto, inexpresiva,
de una belleza cruel.

Vamos, musa mía, a moldear esta noche otra locura.
Estamos cercados. El mundo está cercado.
No por una muralla o el mar, sino por sí mismo,
por su propia sombra.
Hasta los cadáveres están sitiados,
pero no sucede lo mismo con esta biblioteca
donde los libros arden solos
y las cartas negras de mis antepasados
vuelan junto a los ataúdes que escapan del San Carlos
y van segregando un agua viscosa sobre los noctámbulos.

Aquí está el manicomio,
el universo perdido entre las catacumbas,
en las pesadillas de quienes lo ven de otro modo.
¿Qué puede imaginar un hombre,
qué puede vivir si todo se ha imaginado y se ha vivido;
qué puede aborrecer o amar si todo ha sido odiado y querido?
Cierro los ojos, me siento en este sillón de corazón propio
y, como en una pesadilla, se suceden imágenes que no
comprendo,
lugares que nunca he visitado.
Pero yo inquiero en los tratados
 esa vanidad que a Salomón daba qué pensar y ahora da
risa.

Voy deletreando página tras página el *Tarot de los bohemios*
la *Kábala mística* o la *Clave del zohar*
que tanto hemos buscado.
Ávidamente leo los admirables secretos de Alberto el
Grande,
el *Tesoro del hechicero*, el *Gran grimorio*
O *Clavícula*.
Falsifico *El dragón rojo*, *El libro de Esmeralda*,
el *Libro 777.*

Ellos están como cariátides sujetando este
Templo de la Demencia.
Laberinto de enciclopedias, sagas y papiros,
 narcótico de los magos y de los terapeutas;
grandes profecías en la Gran Pirámide,
perdurable y sin memoria en la tierra de los mil budas...
Recordar. No quisiera recordar a Miriam,
no quisiera recordar el sello oscuro que dejé en su pecho,
a Puve Lares, esa que dirige sus cartas
como urracas que emigran desde Los Pirineos,
a un loco del que huían otros locos con espanto,
a Anna Peremna, esa mujer honda y purísima
que llora en los cuartos de provincia
por un olor que es siempre desconocido.
No quisiera recordar la vida ni la muerte,
sólo quedarme como un muñeco epiléptico en el rincón
y rasgar mi cabeza y sacar su aserrín
hasta que sea suficiente,
hasta que ya no pueda más, e irme a los conventos
donde las poseídas por asnos y cabrones gimen de placer,
y tocar otra vez la cabellera blanca y alucinante de esa mujer,
tan larga como la soga de un ahorcado.
Con mi telepatía, con mi clarividencia,

acercarme a los gitanos que enchevillan y matan con la mirada,
vender la luna al primero que pase, como si fuera un pez
seco y amarillo,
desenterrar el Arca de la Alianza, robar sus amuletos,
sus cálices de oro,
besar al Diablo en su discreta forma de chivo viejo, incen-
diar una ciudad y sus estatuas con un fuego
que dure mil años y haga arder al mismo fuego.
Ser amnésico y total hasta no recordar ni siquiera que vivo,
ser el inquisidor, el que firma el legajo
donde se me acusa de comer carne humana,
o irme en mi corcelera escoba a los shabat.
Poseer esa marca en forma de sapo
que sólo tienen los elegidos,
volar en una mosca
e irme en su lomo hacia el principio,
hacia esa cosmogonía que vino preparando mi tumba,
guisar a un Dios de carne blanca,
pasearme con los fantasmas,
ir con ellos a beber del alcohol
en las botellas destapadas que dejan los que se van, acos-
tarme con todas en las casas de lenocinio:
con las bellas y con las sifilíticas.
Entrar como la niebla al aposento donde se masturban las
princesas.
Ser el primer cristiano, el último demonio.
Estar junto a esa mujer que se suicida, –sujetarle el veneno– nacer siendo el más viejo,
participar del mundo, saborear sus dolores,
gestarme en ingravidez e irme caminando por el aire, quedarme ciego, sordo y mudo,
descubrir a Dios como un anciano más,
como un borracho más,

como un leproso más e irlo a visitar al sitio donde se pudre
lentamente.

Pero ahora soy el vampiro que se roba las flores de papel,
que roba de su sepultura a esa muchacha fresca,
que arranca el oro 22 a los dientes de los difuntos,
el brujo que come su corazón y lo reparte
pues ya no puede más y ya está harto de tanto corazón
muriendo adentro.
El postrado que arranca cientos de hierbas,
que profiere ensalmos y muele
la carne de mil pájaros que es como moler el aire,
el que crea un androide, uno solo que sea justo
por haberle dado vida con semillas, raíces, peces viejos
y escucharlo proferir lo que en el mundo quedará de noble,
luminoso y verdadero.
Voy desnudo con mi flauta y mi tambor por un arrabal de
Esmirna,
mendigo una rupia en Calcuta y soy el fakir, el yoga,
el envenenador del único manantial que sobrevivió al desierto.
Todo para mí se vuelve comprensible,
(Siempre el hombre ante la muerte se vuelve compasible)
Quisiera ser verdugo, ministro, perfumista, asesino, astrólogo o torero.
En este instante todo se justifica.
Allá afuera ha comenzado el diluvio,
allá afuera se desintegra,
se hunde el mundo.
Pero esta noche voy hacia la oscuridad total
y veré a Yocasta huyendo con terror de los brazos de
Edipo.
Soy el que desde esta biblioteca
escucha a los árboles preparar sus venganzas ya inútiles,

a esas aves del cielo que en las madrugadas surgen del mar
para chupar las sangre de los buenos.
Hoy he ojeado *El libro de los esplendores*, he buscado
la palabra hachís en la *Botánica oculta* de Paracelso.
A mi alrededor vuelan arpías con caras de ceniza,
sirenas que cantan y no escucho,
cartas de Dios cuando estuvo ingresado,
poemas encerrados en los garrafones que escaparon al
desastre,
perros que duermen esperando la orden
de arrastrar los cadáveres por estas calles que por sólo
existir, ya asesinan.
Disfrutaremos de la extinción
y con esa intimidad dulcísima dejaremos de ser.
Esta noche soy un títere,
un monigote que levanta su botella
y la despedaza contra la luna y lee ávidamente
los *Oráculos de Napoleón* o *Las centurias o el Libro de Jasher*.
No quisiera recordar, pero de otro es el Memorial, mía la
Memoria.

XXIX

Muero sin saber lo que me está pasando.
Escribo esto ahora, mañana, y fracaso
a la hora de soñar con esa bruja
que en el patio hace tiempo está ardiendo, con ese
dulce demonio que modela figuras de barro y da vida
y se marcha con los gitanos de la noche.
Allí en ese festín estaremos todos:
los que levantaron estatuas y monumentos
y quienes los destruyeron; los poetas y los suicidas,
los justos y los que escogieron siempre a Barrabás.
Esta noche leeremos los últimos libros, besaremos
por última vez a nuestros niños.

Se extinguirá el mar, se morirá la misma muerte
y seremos los durmientes
que hambrientos acudirán al festín del infierno.
Como si no hubiésemos vivido, nada recordaremos,
ni el nombre del amor o todo aquello cuanto odiamos.
Por eso el Diablo nos acostumbró
a poner los cementerios lejos de las ciudades,
para que estén callados y, si hablan,
que nadie los escuche.
No distingo mi rostro en el espejo.
Todo se redujo a nada.
Muero sin saber lo que me está pasando.

DE
HERENCIA DE LA SOLEDAD

Olas, espuelas del mar que juntan en sí la muerte.
Ceguera de caracoles, rostros fríos, agua fuerte.
No puedo saber si todo en el universo muta.
Pero el mar es otra cosa. Vasta ruta
que los marinos persiguen.

PAPIRO DEL CONSEJO

A dos poetas di estos consejos.

A uno:

"Que tu poesía sea la flecha que perfora el corazón del lobo
en la montaña,
delicada y sugerente como una mujer velada,
misteriosa como esas pirámides que le nacieron al mundo,
sonora como la flauta del pastor,
breve y concisa como la vida".

Y al otro:

"Que tu poesía venere a los antepasados,
a los dioses de tu pueblo
a los reyes
a los guerreros".

Poetas al fin, no siguieron mis consejos.
El primero es el cantor oficial de la corte.
Al otro, lo mataron.

HERENCIA DE LA SOLEDAD (I)

Alguna vez quise escribir como Li-Po y forniqué de seguro
más que Li-Po.
Mis extravagancias y tigres encerrados en las botellas de
alcohol
hicieron que me ahogara frente a la cervecería del Yumurí
tratando de alcanzar la luna.
Pero esta era otra vida y había un nuevo emperador
ante el cual nunca quise agachar mi rara cabeza.
Vida que encontré en mi trayecto, igual que a esa
otra gente que transita contra uno.
Habítame la soledad antes de niño
y también después de ser un ser posible.
Yo también estoy solo y no me avergüenza el vino,
como no puedo arrepentirme de mis carnicerías de hombre.
Ah, cómo me identifico ante un garrafón lleno hasta el
borde,
en él se encuentra el enigma de la felicidad
que dios prometió en una de sus borracheras algún amanecer
y después olvidó para siempre.
Levanto mi copa de esmeraldas a la luna, ella es mi compa-
ñera;
con nuestras jergas nos entendemos
y tratamos de imitar esa agonía perpetua, iluminada. Cóm-
plices de nuestras orgías, amanecemos
con las caras de indistinto desdén.
La luna está dentro de cada hombre
y cada luna es distinta en cada uno.
Con nuestros pasos escribimos en el mármol

los restos de esta hermandad que se funda
en los límites de la embriaguez, el misterio
y lo ambiguo.
Somos guardianes y subimos por las lianas hasta los abiertos nichos de la noche.
Nuestra luminosidad nos hace coléricos
y se tambalean como torres de arena nuestras cabezas. Somos unos tristes bandidos durmiendo en algún lugar del
leprosorio.
Igual que a Li-Po, la imaginación me pierde,
hace que los consejeros y eunucos del emperador
entornen los párpados y le digan:
"¿No se lo dijimos? Ése no tiene remedio".
Pero yo entro a palacio haciendo eses
hablando de los que partieron cantando a la guerra
y no volvieron,
profetizando entre las ruinas que dejó el amor
(aunque sepa que me van a emparedar)
la antigua canción del que comía carne humana.
Nuestros pensamientos son como el reflejo
de aquel que muere preso y sediento
en el desierto de un espejo.
Escribimos de trampas, de naufragios,
cuando debimos haber publicado
que no hay soledad más acompañada.
Pero no nos humillamos ante las vírgenes ni el papel. Somos orgullosos,
solo hacemos reverencia al orégano y al opio.

Alguna vez quise escribir como el hechicero Li-Po
y en la noche llenaba mi pipa y despreciaba la tradición.
Eran mis desleales extravíos.

Cada poeta lleva dentro sus propias humillaciones

sus selváticas heridas siempre por cicatrizar.
No temo un desentrañamiento.

Cantinero, ponme otro doble por mi vida de corazón oscuro y transcurrido,
por las curiosas tramas de ese mago,
por su claro corazón discursante.

En nuestros asmáticos subterfugios
nos ponemos las máscaras que dejaron abandonadas los actores
y entre jarra y jarra
hacemos un ritual lleno de hostilidades,
de ebriedades corrosivas.

En cada amanecer hay una amenaza.
Ya amanece. El vino se evaporó de nuestras cabezas,
pero no importa. Venga más vino, la vida paga.

Llevamos dentro el mismo dolor,
el mismo amor y la misma,
la misma muerte.
Fuimos engendrados por un solo padre,
somos hijos de la misma puta.

HERENCIA DE LA SOLEDAD (II)

Siempre los caminos para el pobre, suben,
se hacen largos.
En este recorrido transcurro al lado de esos
hombres que por solo vivir, ya son delito.
Un tramo converso con esa muchacha de penumbras,
que ofrece un mágico antídoto contra la melancolía.
Al escuchar una flauta extraviada que delira
nos acercamos a pisar la arena que ya ha pisado el monje.
Lleva en una cajita unos huesos sagrados
y los perros, hambrientos, al escuchar ese sonido muerto,
ladran.

Errantes somos desde el mismo vientre.
Soy un buen marinero, pues nunca he visto el mar
y en el pecho encerrado lo tengo.

De piedra, para el pobre, hizo también dios la hierba, pero
de tan buenos y oscuros,
a la hora de dormir, la bendecimos.
En todo sueño hay algo de locura y delito.
Hemos comprendido que ante los horrendos espacios estamos solos y que somos los más olvidados
entre los animales.

Montículos de piedra van señalando nuestra ruta al borde
del camino,
pero mi niña amada se lava en el arroyo su coraje. Acam-
pamos, puesto que no hay refugio
más profundo que la noche.

Las mujeres encienden las fogatas para ahuyentar los lobos,
los hombres quitamos la esperma de las garrafas
para espantar un miedo que viene con la inmensidad del
cielo y la llanura.

Miro a los espacios, pues he creído siempre en el abismo.
La luna nos guía.
De las ruinas que he visto,
ninguna raíz se sumergió tanto en mi corazón
como sus ojos.
Arranco un puñado de ortigas y las huelo.
El corazón de un artista es un niño idiota que arranca cere-
zas doradas.
Alguien me pregunta si soy marica o uno de esos poetas,
y mientras me explico de mil formas diferentes
siento que mi corazón estalla, que da tumbos
y trato también de explicarlo.
Minuciosamente me desnudo ante todos
y muestro mis tatuajes
y un número de heridas doblemente oscuras.
Todo lo que en la vida duele, vale la pena.
Hermano,
alguna especie de dolor también se cura.
Nunca me verán andando en palanquín, sino en muletas.

Quien sufre el amor es casi eterno,
pero quien lo olvida es un dios...

VARIANTES DE LA NADA

En vano el extranjero ahorra los centavos,
sabe que el círculo se cierra
que el hambre no es un juego.
Veo en esos hombres un motín, entre los paralíticos,
una sublevación.
Son los capitanes de la tierra y los escombros,
esconden sus armas dentro de los templos.
He visto locos gritar contra los tiranos en las tabernas
y el dueño no los delata por temor a quedarse sin clientes.
Entran a las pagodas y maldicen, coléricos,
el único y auténtico reino de este mundo.

Soy el que en mi cuarto de hotel delira,
El que trata de descifrar el prodigioso y amargo mapa,
la fábula terrible de mis hermanos.
Hay grandes esperanzas que los siglos trajeron.

He regresado.
Tengo en mí el grito de todos los suicidas,
la dulce locura del vino, las llagas más atroces.
Pero beso a mis hijos, miro las palmas
y me hundo en mi mujer muchas veces.

Un hombre solo no puede con tanta memoria
ni con el insufrible mundo y su dolor fabuloso.

Habría que retornar a un vientre sin posibilidades
y ya allí construir esas trampas de terror y argamasa
donde los magos atrapan a los ángeles más gordos del re-
baño.

Hombres de algodón estos de ahora
que se permiten la inútil complacencia del fuego.
Habría que sostener, no el remo,
sino el humilde corazón que se deshace tiznado
por esta hora asombrosa de vivir que espanta.
Lo esencial es un extravagante océano que procrea sin memoria
esos islotes, esas ballenas raras y ciegas que en el mar fra-
casan.
Habría que ser uno de esos que en mi memoria casi han
muerto,
los que se fueron.
Una madre es una imposibilidad dentro del pecho;
pero conozco perfectamente de dónde vengo
y mis limitaciones.
Habría que ser más laboriosos a la hora de preparar
esa única de las múltiples variantes de la nada.
Y más minuciosos.
Eso es todo.

ESTIRPE DE SOMBRAS

Como ninguna poesía es cierta,
las criaturas más atroces
fueron creadas por la pasión del azar.
En Calcuta, en Teherán, las he visto
y allí, de cierta manera, he declarado son los pasajeros
de un sueño sin fin.
Ellos se muestran con sus caras extraviadas,
son sepultureros enterrándose a sí mismos.
Su astucia es la de procurarse el pan, ese que clama
desde las indescifrables entrañas de los hombres.
Declaran una historia inverosímil para cada una de sus heridas,
de sus llagas, esos labios leporinos, esos
dedos que se deshacen.
Fue al alcanzar en el mar la tabla
que lanzaron de un barco de leprosos.
Que si la ceguera, o unas obstinadas ratas que les comieron
los ojos
en una cárcel sin alma;
que si sus piernas amputadas por un tiburón estupendo
mientras pescaba ostras en las islas doradas del poniente.

Son una multitud que aúlla sin inmutarse
las humildes mentiras de la supervivencia.
Algunos, los más dignos en sus mutilaciones,
venden fósforos, íconos, reliquias,
algunas auténticas rarezas,
apartan los enjambres de moscas
con la candela azul y eterna que va de cada hombre perseguido a otro,

la que ya nunca dejará de arder.

Son una estirpe de sombras deformes
que predican con su jornal
la infinita y casi dolorosa
ausencia de dios.

EN EL INMÓVIL OJO DEL PESCADO HAY

En el inmóvil ojo del pescado hay
un sueño de anzuelo.
Yo lo he visto, arrancado, en la orilla del río.
Un gran ojo que duele, que te observa a través de las moscas,
a través de los siglos carniceros del hombre.
Un gran ojo muy solo
y muy triste.

Como el ojo de dios.

EL ÚLTIMO VIAJE DE SIMBAD

A Enrique Carreño, hermano.

Es una alegría morir con la soledad necesaria
sin saber dónde se muere.
Soy sincero. Reconozco las caras de aquellos
que me asesinaron,
estas arenas y raíces que me abrazan para siempre a la tierra.
Pero se trata de mi cabeza clavada en una estaca en medio
de esta plaza,
de mi cabeza podrida,
mi enorme cabeza con la que los niños juegan por las calles.
Todo hombre que lleve en sus entrañas un verso
no es un poeta, sino un suicida.
Simbad, el cargador, debe andar.
El sueña lo que yo he vivido.
Soy la historia.
Mi cabeza es la luna verde y redonda,
la versión inconfundible y dolorosa de la eternidad. Enceguecida noche que todo lo confundes,
dile a mi madre que muero, que sigo siendo
una oceánica muerte que complementa al mundo.
No quise el estatismo de las nubes
sino el silencio, que es el mejor guardián del hombre.
Pero tuve toros y mariposas dentro de las venas,
igual que savia el árbol, niebla el río.
Breve fue tu sombra junto a la mía.
Sé que de alguna manera tú también partirás,
pero ya nadie podrá quitarme este segundo de amor.
Tú no deseaste mi oscura manera de ser triste,

de ser el más antiguo entre los hombres y los navegantes.
Y es que hay veces han ido a besarme
y mi cabeza se ha convertido en ceniza.
Del cielo bajará lo terrible, pues somos del cielo,
jinetes perdidos del cielo.
Me quedo.
No es bueno tolerar tanto santo palo de madera,
tanto escarnio.
Conozco, las he visto, huellas de seres olvidados
en las márgenes de lo que alguna vez fue un río.
La hierba alrededor del aire se mutila,
pero los árboles simplifican su existencia cantando.
El más desordenado y tenaz de los náufragos
confiesa un antiguo, ancestral crimen
que es el haber vivido un tiempo sobre la tierra.
Mi corazón es más fabuloso que la imaginación.
Él vino desde muy lejos para escuchar el canto de los pájaros.
Pero hay algunos que nacieron cercanos,
que son vocingleros y no están a mi altura;
no entienden que los hombres y los árboles
fundaron alguna vez la armonía
y ahora son soldados ciegos por tanta retirada.
El mar es uno solo
la tierra es una sola
el hombre solo es. Solamente.
¿Has visto tú el rostro de la noche,
la que descifra su misterio, su vasto significado?
¿Has descubierto, cuando te mirabas desnudo en el espejo,
a un dios que no esperabas?
Creo, todo hombre debiera respetar el futuro,
las cicatrices que poblarán su cara.
Hay hombres que suelen llamarse Constantino, Walt, Fe-
derico,

que vienen, son eternos y se marchan como el simple rocío.
Ellos poseen el simple y sagrado olor de la hierba.
He viajado y tengo derecho a conocer casi todo.
Mi lengua es de todos, ansiosa y vibrátil,
pero le resulta agradable decir No
y no es un misterio el de mi lengua.
Espérame, mujer, volveré.
Quiero a ese hijo soñado que vino atado a mí
como árbol poderoso a la tierra.
Pero no me hago ilusiones,
sé que nadie recogerá mis pedazos oscuros.

Quise entrar en tu cuerpo,
enterrarme en tu vientre como un lobo tuerto regresado
del mar.
Perdóname, amor mío,
y trata de incorporar otra vida,
otra pesadilla en forma de hombre al mundo.
Estoy en una plaza.
Los niños juegan con mi cabeza, pero el corazón está in-
tacto.
Escúchalo. Sólo queda
reunirme de nuevo, por última vez,
con aquellos que alguna vez me lo ofrecieron
y devolverlo.

Mientras tanto
mi cabeza y mis ojos y mi corazón
se vuelven humo y suben, suben, suben...

EN TU MEMORIA ERIJO...

No han de quedar los ojos de mi perro
ni el niño poderoso que se ahogó en tu vientre,
el árbol retorcido bajo el cual sostuvimos la vida, aplastán-
donos como un cielo de mármol.
Ni la tierra desierta, la tumba difunta.
Cuando hayan regresado los barcos que se fueron,
cuando me deshereden de lo que nunca tuve,
ese ha de ser el día, esa ha de ser mi hora.
Tú y yo, sin conocernos,
olvidándonos en el reencuentro...

De todo esto ha de quedar
la solitaria y vehemente piedra
que en tu memoria erijo y lanzo al mar.

Dormiré con el corazón latiendo.
Tú no me dejarás dormir.
Nadie me dejará morir.

HAY UNA ANTIGUA ORILLA

Para Alfredo Zaldívar
y las aguas que confluyen en mí.

Hay una antigua orilla donde he sobrevivido,
el río mutilado que tramó su silencio.
No comprendí su trama, alguna vez su círculo
coincidió con la bestia, la cerveza, el carbón,
el olvido admirable de los destiladores.
El limo no está solo aunque no sea el verbo.
Conocí el maderamen ahíto de sus amarraduras.
Hay una antigua y muda orilla que me nombra,
el filo de un cuchillo que no corta y que duele.
Para el hombre sin alas hay un cielo sitiado.
Ah, Yumurí, rosa de azogue,
laboriosa rama cuya apetencia es la carne milagrosa que
canta.
Hay indecibles manantiales que alimentan tu corazón salobre.

ME ESCONDO DE LOS DIOSES

Me escondo de los dioses.
En la barca llevamos canastas y jaulas que encierran
las pesadillas de los hombres mansos,
de los brutales y perpetuos tigres y serpientes
propiedad de los nigromantes,
artificios del infierno, simulacros de humanos...

Abrimos el mapa, tratamos de descifrarlo.
Su ambigüedad nos hace comprender que nuestro
salario de fracasados solo nos llevará a la perdición.
El maderamen de nuestra embarcación posee
la raza del naufragio.
Pero en su vientre limoso se escuchan los dados de jade,
las garrafas de vino chipriota.
Declaran que seres inmutables hay aquí que no pueden
descifrar la tormenta, y aun peor, lo que se avecina.
El capitán dice que todavía puede castigar al mar
y lanza una mascada de tabaco negro contra el mascarón
de proa.
En la madrugada desollamos el más grueso animal, un
unicornio.
¿Así que nos hemos arriesgado por esos
que creen que nuestro barco es un mesón?
No, me responde: llevamos en las bodegas un insólito car-
gamento de dioses amargos...

Han pasado los días, mi espera se reduce a estar
lo suficientemente mudo y sordo
para que nadie me escuche ni me oiga.
Evito todo contacto con el éxodo y su oscuro fardaje.
Me escondo de los dioses, no por temor, sino por asco.

131

La realidad debe, de alguna manera,
esclarecer esta pesadilla,
lo que hay de oculto en sus sueños insaciables.

EN VERDAD CREO EN LOS BRUJOS

En verdad, creo en los brujos,
he conversado con ellos en los burdeles y tabernas,
donde sus enigmas tatuados se borran con el vino.
Ebrios, extraen sus talismanes,
y uno puede ver sus rostros levemente azules
en el fondo de sus jarras, un fulgor de argamasa.
Este poema se refiere a un cuarto en Estambul, indescripti-
ble aposento de su periferia.

Este hombre me confió una verdad
que aun me aterra.
Ascendimos silenciosos, borrachos e insomnes,
las tablas de una escalera que temblaba de frío.
Encendió carbón, encendió su pipa
y hablamos aquella noche de nuestras múltiples ofensas.
Dijo poseer una conjetura aceptable sobre los suicidas.
Me contó de su mísero salario de curandero y charlatán,
de Soleimán y de la Cábala.
Entre fumadas creyó tener el resplandor necesario
y en el ámbito de aquella habitación urdió sus ceremonias.
Y fue el nombre de una torre y el minotauro,
una lámpara, el primer mapamundi,
un niño.
Su canción poseída por los efrits
hacía quebrar el barro en la cocina.
Era marcadamente brutal y ambigua.
Como la poesía.

Me mostró un insólito memorial en su piel:
Te amaré por siempre, María. No te olvides de mí.
Te amaré desde el fondo del mar...

En la magia del mundo amanecía.
Miré por la ventana y vi que pasaban parejas
felices y ojerosas.
Le propuse salir, tomar algunos tragos;
pero él estaba absorto convirtiéndose en una muchacha
y sacudiendo los bichos de su camastro.
Sin decirle adiós le dije adiós y ya camino al puerto
una mujer me llamó.
Tenía algunos dólares y creí durante un tiempo
ser amado y feliz.
Hasta que en el barco desperté.

100 AÑOS

No seré uno de esos viejos que en las mañanas
buscan la leche y el pan
y después se duermen en los parques
esperando las moscas,
el pedazo de algodón que los haga
para siempre callar.

En realidad creo que no llegaré allá.

Por estos reinos penetro en hospitales y cafeterías,
con mi garfio de vidrio excavo en las viejas tumbas,
calmo mi sed de abismo en la humedad
de los cántaros rotos.

Con un cuchillo en las venas
transcurro en el rumor más callado del hombre.
La misma luna, entonces,
hace crecer una raíz de muerte en mis ojos sin fin.

Habito en la rabiosa trampa de algún dios contrahecho
y sé que en el mundo ya casi nada vale la pena.

No preciso ninguna fórmula, ningún ritual
para que el vino siga transcurriendo por mi garganta
cruda.
Mis ojos, mohosos por tanta lluvia que han visto,
se niegan a ser despertados por un sediento amanecer.
Me disfracé de olvido para transparentarme
¡te esperé tantas veces!

He de continuar por la misma ruta que los cazadores
hasta que mi hocico tropiece con sus escopetas.

Pronto, ¿veré a Dios?
¿Qué me dirá?
¿Y yo a él?

La vida para mí no ha sido fácil...

DESDE MI JERGÓN LUNÁTICO

Ayer se fue, Mañana no ha llegado,
Hoy se está yendo sin parar un punto:
soy un fue y un será y un es cansado.
En el Hoy y Mañana y Ayer junto
pañales y mortaja, y he quedado
presentes sucesiones de difunto.
Francisco De Quevedo

DESDE MI JERGÓN LUNÁTICO

Desde el origen de mi lengua, escribo
y la ceguera es como si la noche
se me estuviera metiendo por los ojos.
La locura es lo único que ya hace explicable la vida.
Por eso en tu vientre renazco con los múltiples
espejos de oscuridad. Es una malarrabia
y el universo cabe en el corazón.
Yo soy tú cuando te naces
tú eres yo cuando me muero;
somos los dos la misma cosa y luego
prosigue la sucesión, cesa el olvido.
Dentro de mí casi siempre ando vacío...
En la selva de mágica espesura
veo tus ojos húmedos como ángeles dormidos
donde los unicornios de su neblina adentro
celebran sus raros ceremoniales.
Un cuarto y un ataúd son semejantes,
lo único que los diferencia son sus ventanas.
La ventana de un cuarto mira hacia afuera
y la de un ataúd, hacia sí mismo.
Es su totalidad lo que me aterra, aquello
que me hace cumplir con el
misterio de la niebla, su leyenda.
Todo es aparente,
todo escapa, como aquella niña desnuda,
de mi visión.
Vagamente he profanado las marismas,
por mis acuosas pupilas han rielado
la hondura bermeja de los ponientes,
la desmemoriada ceniza de los helechos.

Aquí me he dado cuenta de que siempre estoy solo,
por eso grabo tu nombre en el moho petrificado de la luna.
Soy solo el soñador que trenza la cabellera de Medusa,
que deshace su follaje fatídico,
el impostor que comparte su presa
con los tumefactos chacales de la noche,
el estático navegante que construye su casa
dentro de un leviatán.
Amo el mundo por lo que me agrede
y a ti, ah, mi Circe,
por lo que me dificultas,
porque conviertes la aparente cantidad
de la respiración con que vivo.
Como aquel que ya sólo existe por costumbre,
invariable trato de ser,
exacto allí donde los páramos se amotinan
y muestran la estirpe de las piedras cifradas
y latentes.
Pero tengo dos corazones, uno, para morir y el otro
para estar oscuro.
A ninguno de los dos los entiendo.
Veo el mundo como aquel que por heredad tiene la ceguera,
la que muestra el exacto sentido
de esa extraña cosa que fluye dulcemente tras sus ojos ta-
piados
y le enseña los planetas y las constelaciones.
Todo ello es causa de esta barba donde se despeñan manadas de caballos que llegan incendiados,
los cabos de cigarro, las botellas de aguardiente,
allá en el suelo.
A veces dejo de escribir,
escribir sobre algo es dejarlo para siempre
encerrado en el papel.

Toda página manuscrita es una cárcel,
todo papel es una tumba con brazos de hierba,
abiertos.
Desde mi jergón,
como si fuera un barco en pairo,
voy a la aventura. Veo las olas, son
niños de espuma que no terminan
nunca de cesar de un todo.
Fantasmas, naturaleza muerta de los cuerpos vacíos.
En mí transcurren los siglos y refluyen
en las pacientes ruinas las soledades.
Y ya no hay alimento más poderoso que las astrales
abejas que entran por mi boca
y urden su panal de despiadado olvido en mi memoria. Sa-
les del río, verde, pura, y te llevas
en el pelo su humedad antigua.
Eres la que en un dialecto sin palabras
erige la trama de tu cuerpo y mi sombra,
la apariencia de un azul brutal que siempre
a mí te aproxima.
Todo deforma la ficción que represento y vivo.
Amo la flor del cactus, la única que nació
para olvidarse.
Fanático divago: El tiempo es mi casucha,
mi bandera es tu cuerpo y sigo siendo el sufridor,
intenso intérprete de lo aparente.
Voy a morir pensando
que envejecer después de haberte querido
fue una gran epopeya.
Veo, palpo cómo pasan las horas
y sé que nacer es llegar a un sitio
desconocido y oscuro de uno mismo.
Vacío, corrompo el verbo,
la canción me salva y nada me salva.

Ya es imposible edificar, como una torre de Babel,
un vocablo sin antes deshacerlo,
quemarlo, maldecirlo,
como un molino que despaciosamente
triturara las horas y las eras.
Creo, en el mundo, lo único definitivo
es simplemente aquello que es efímero.
En los naufragios del tiempo
llegan a sus costas esa vaciadas sombras
y entonces comenzamos a ponerles esas máscaras
que en su huida dejaron abandonadas los actores. Nace-
mos
y ya somos una antigua verja que se llevó el viento. Nace-
mos
y ya somos perseguidos.
Escucho las insomnes ramas
partirse como columnas vertebrales;
filosas hojas que muerden, cuchillos de obsidiana.
Todas las bestias del universo hoy andan hambrientas;
me intuyen, olfatean,
siguen mi rastro un poco más allá de mí
y muerden mi hígado prometeico.
La luna también mutila, con su frío cántico, mi corazón.
Todo me ataca. Estos parajes descifran
algo que yo siempre quise decir:
Lo que está por venir se está pudriendo.
Lo que está vivo es polvo y es reliquia.

El ámbito que me encierra y por el cual camino
es el más fantástico laberinto de mi carne,
esa cosa amarga que titubea cerca de mis coágulos
y mis cartílagos: mi patria entera,
mi patria que eres tú desnuda
y todo tu abismo y silencio.

La hojarasca cae y me sajan en sus crepitaciones
las pupilas para ofrecer a esos dioses
que cada hombre, como una incurable enfermedad, padece;
lo que está detrás de ellos, encerrado.
¿En qué lugar del cielo está esa estrella?
Desde mi jergón lunático me engendro y paro.
Una habitación también es una pirámide
y voy a cerrar su única entrada
para que en mis manos comience a crecer la arboleda,
para que resuciten mis resplandores.
Muchas estrellas hay,
pero yo quiero aquella.
Veo la cabeza de M. que anda rodando por el patio
y de su cuello irrumpen miríadas de peces.
¿Qué voy a hacer con tanta carne de amor interrumpida
si ya cualquier otro ser me asoma al mundo?
Todo es estéril; esta noche me asombra
y tengo hambre y a comer comienzo de mi propia lengua.
Todo es vacío,
hasta ese gato que en el techo enloquece
y me trae la húmeda cabeza de mi amor...

Un sueño
otro,
el que siempre me hace decir:
El único mensaje de mi poesía al hombre es éste,
¡Nunca mueras!

TESTIMONIO DE LO INMUTABLE

Los pedazos de piedra y algas que recojo a la orilla del
mar,
hablan de un misterio.
En las tablas más antiguas de la Tierra
los arqueólogos han logrado descifrar algunos textos.
Sus letras, húmedas por la absurda
totalidad del tiempo,
semejan arduos criptogramas, como si la demencia
hubiera dejado una señal
que no vino para la profanación
sino para olvidarse.
Lo esencial es que cada intérprete las traduce a su modo.
Esas mismas huellas se encuentran simplificadas
en las cosas, al parecer, menos fascinantes de la vida.
En cada hoja respira una invención
y en el ojo danzante del pez cabe la luna.
El furtivo brote de los manantiales
nos demuestra que somos leyenda y holocausto mecido.
En las pupilas vidriosas de los muertos
hallarás transparentes miríadas de peces y una
obstinada simulación.
Todo posee su más puro lenguaje.
En el vuelo de los pájaros
existen los rudimentos de un idioma avieso y raro.
Todo continuamente anda diciendo todo.
En este vaciadero que es la semilla vana
que hacia adentro se crece y hacia afuera se muere, sabemos, eso sí, que en la vida
ya nada es coincidencia.
En las fronteras del viento hay muchas biografías,

en los granos de arena hay incontables corazones latiendo.
Todo es testimonio de lo inmutable.
Cada partícula de las cosas pasadas
contiene el misterio que lo oculta y habita,
cada esquirla de hueso posee su propia relación,
crónica y memoria.
Nada se ha ido. Todo ha quedado:
el secreto unánime de la hierba
las alucinaciones de todo aquel que existe
los soñados palacios en un atardecer de Calcuta
Abdul Azhared que prefiguró el brutal
reino de los inmortales.

Tú siempre fuiste la luna más verde de mi corazón,
Rosa mágica que no es de carne estéril y acuchillada,
sino mármol latiente.

Las palabras tienen sombra, demasiada sangre.

Los Vaticinios de Nostradamus y *no tires al filósofo*
en el mismo barril donde agoniza el tigre,
La confrontación de los abismos, cielos cubiertos de hojarasca,
arboledas pobladas por brujas y sibilas.
Doradas vacas del alba.

Nos persiguen los cazadores, se acerca al hombre algo
odioso.
Hagamos nuestras gazaperas para mejor dormir.

Me gustan los locos,
¡son tan mansos a la hora de parir!

Un corazón sin fronteras es el Argos

buscando el morueco del infortunio.
Sucio, como solo puede ser lo que alguna vez ha sido.

La quijada del burro contra la raza hechizada de los filis-
teos,
una guerra nuclear descrita hace miles de años en el
Mahabharata.
Cruzando en pellejos inmundos el Mar Muerto,
los horrendos pozos que en estado latente
reposan en la ya inútil memoria.
La secreta venganza de la ponzoña,
la serena, casi divina caída de la Casa Usher.
Un baile, en un sueño,
con dos panecillos fríos en una mesa sucia.

De la última visita
aún conservo en mi boca el gusto de la saliva de la mujer
que amo.
No me lavo las manos desde que tuve en ellas
las manos de mis hijos.

Los amargos rostros de los niños de Ur y Pompeya,
que son como si un instante de siglos les hubiera transcurrido.
Un alacrán rojo ahogado en el garrafón de licor chino.

Delante de su luz está mi sombra,
este montón de carne dolorosa.

El sepulturero está sembrando hoy
a quien lo enterrará mañana.

Escúchame, Dios mío. Tú debes escuchar
al que has vuelto loco con tu mundo.

La muralla que coincidió con la certeza de una pesadilla
en una yurta en las praderas mongolas;
el mago Myrwin y la mansión de agua pútrida
donde hasta hoy reposa.
El hachís oculto en la peluca del juez.

Le ha nacido a ese hombre un hijo,
démosle el pésame.

Una biblioteca que se tragó el pantano, los breñales
donde el arbusto más leve es la desesperanza.

No me grites poeta delante de ese espía,
me pones en las puertas de prisión,
me perjudicas.

La inmensa tumba que significa el Caribe,
el asombro del que llega a casa sin saber que está muerto.

Yo no tengo otra guitarra que mi corazón.

El hombre siempre muere
cercenado por las filosas alas
de los diablos que lleva adentro.

Un niño en el vientre casi es un vampiro.
El alcohol que extraen del aire y los peces podridos de La
Marina.

Habría que retornar al laberinto cretense y contemplar
a un engendro corrompido y olvidar, para siempre,
a Minea,
esa dulce muchacha que bailaba desnuda delante

de los toros.

Li-Po que fallece extraviado en un río de olvido,
la soledad que es un perro de niebla con la lengua cortada.
Las galenas del Huerto de los Olivos que aún recuerdan
la luz.
A la ternura de sus manos de orfebre,
agradezco estos ojos grandes y expresivos.

La centelleante carne de Juana, que era
más mujer que hombre y más hombre que mujer,
la deforme ficción de Judas.

Hilo de seda amarga... Penélope concluyendo el sudario.

En mí se dificulta el retorno al vientre.
Quizás se deba a que conozco perfectamente de dónde
vengo
y mis limitaciones.
No obstante, soy de los que son paridos
con una minuciosidad que espanta.

Salamandra posible con sus griegos,
terrorista en Esmirna, letras que parecen ataúdes vacíos...

La madeja de Ariadna, la cabeza de Juan servida en una
bandeja.

¿Dónde estarán esta noche las estrellas?
Soy una permutación.
¿En qué preciso punto me estoy pudriendo en este in-
fierno?
Oh, Dios, líbrame de este amor tan antiguo
como el hambre y la soledad del hombre.

No hay quien pueda escapar.

Una islita en la Jonia.
Bilitis de sudor y la arena suicidándose
en cada muchacha de la Tierra.
El extraño amor de Hércules por Hilas.

Como no tenía nada que ofrecer, serví mi corazón.
Algunos no lo comieron por amargo.

La trenza de Miriam colgada en mi cuarto
como la soga de un ahorcado.
Era una visión, y ahora es un fetiche vudú en el santuario
volando sobre mi jergón, en las Armas del Vaticano.

Los fantasmas que penetran por las raíces
hasta quedar dormidos en las ramas.

Me llegan a aburrir mis muertes,
el conocido de mi bufón, ese que nunca se acuerda de mí.

Desde el carbón de tus venas arde la ligera brisa.

Los dientes del dragón, las plumas del dragón de ojos
agrios.

La castidad es una ilusión de románticos.

Un tigre cuya patria es la carne.

Debo estar loco, sigo creyendo.
Soy una herida, una colina,
el vientre húmedo y la inconstancia misteriosa

de las cosas fundamentales.

El martillo de los tiranos reiterándose
en las venas más amargas del pueblo,
las escamas de Medusa cubriendo el escudo de Perseo.
La hermosa, atroz leyenda de los siete Justos.
La horrenda tradición de Ahasverus.

Tengo una memoria formidable, logro olvidarlo todo.

Continuamente hay fieras de arena embistiendo al viento.

Eso no es nada, soñé con una carne, ya fatigada de tanto
buscar
una boca con hambre.

El Tesoro de Príamo en la carátula del Times,
la sagrada ignorancia de Cristóbal Colón,
un rey impotente y un árbol del patio
que ha comenzado a parir animales dorados.

El corazón es un pan caliente y rojo.

Siempre los grandes crímenes se perpetran riendo.

Ya lo dijo Hugo: "La imaginación sólo lleva a la cárcel".

¿En qué muerto me iré, corriente abajo?

Yo, en cambio, soy fiel a mis noches, a mis pesadillas.

Pelias y la sandalia que el arroyo de una profecía arrastra,
un caballo hueco que por nada sueña,

la Tumba de Cleopatra que no fue construida para ser hallada,
sino para ser encontrada en sueños.
El Agua-viva, la Piedra-viva con que construyeron la Esfinge,
las sirenas barbudas que halló el vikingo en la isla en que muero.

Augusta noche en que tu sombra era
una fervorosa llamarada de luz.

América y El Dorado como una enorme cicatriz
que padece cada americano,
la Fuente de la Juventud, la Atlántida, el cáncer,
el rugido de los espacios siderales,
los antropófagos de Krapina,
los quimbisas de Atenas,
la cara blanca y remota de Mahoma.

No escribiré más,
mi silencio será un alarido de dolor
agazapado como perro rabioso en las gavetas.

El efrir de labios como testículos de camello
que vimos bebiendo agua de fosa en una calle de Matanzas,
la inmortalidad de un instante,
la gloria inmortal que pagamos por vivir.

Aguarda, aquí, entre los presentes
hay alguien que conoce tu nombre.
No es un traidor y sabe de tus alucinaciones.
No es poeta y puede describir con cierta exactitud
tus amores ilícitos y descifrar

las áureas imágenes por ser las más oscuras.
No es un lictor y puede jurar
que nadie ha robado tus harapos,
que nadie te llevó preso,
que todo es pesadilla,
que estuviste hablando solo por la noche,
que eres sospechoso de locura.

Dos dólares y sesenta centavos. Hace falta otra botella.

Siempre sueño con la oscura
posibilidad de morirme.

Algunos nacen póstumos.

El resplandor, un hexámetro en el siglo XX que deshizo el
fuego,
el destino de Salomé que es el destino humano,
el arpa vocinglera, el bastón-serpiente en el desierto,
una caminata con la estrella de Judá cocida en nuestra espalda,
la fantástica luz con que la luz envuelve el rostro amado.

Miren estos manuscritos, una escritura de perfecta y asombrosa tristeza.

Por eso, todo hombre, al llamar a su hijo, debiera decirle:
Venga acá, padre mío, ayúdeme a huir,
a escapar de esta casa...

Eres como un pájaro de arena metiéndose en mi boca.

De lejos, este planeta se parece al infierno,
de cerca, lo es.

La trama de Hamlet que ahora está grabada
en un monolito del Purgatorio,
el camino del Infierno que está empedrado de promesas
y buenas intenciones.
Los fundamentos de Jerusalén que son el arquetipo
de cada
ciudad,
los ojos tigrescos de Gengis Kan,
la excesiva crueldad de Lope de Aguirre,
las pupilas que reflejaron por primera vez
el neutro mar del Sur,
las ruinas que permitió el amor de Malinche,
la fantasía de Cervantes que se soñó a sí mismo,
la intrépida transparencia de Abraham Lincoln,
la difteria que devastó la garganta del último procurador
de Galilea,
la gangrena en un amanecer del Kilimanjaro,
la imprecisión de la escritura de Ticiano,
la inspiración de Whitman que nos dejó algo oculto robado a los dioses,
los rasgos de Cristo que fueron como un amanecer,
un censo general de los muertos
que no es de ningún modo excesivo y es cierto,
el inventario, en fin, del mundo...

Pero cuando volvamos a reunirnos
no estaremos solitarios ni totalmente oscuros.
Visitaremos nuestras tumbas con alegría.
Todo volverá a ser, ya que todo nos dice que
somos eternos:
la glorieta, la catedral, las mujeres que pasan
y los insectos que se abren con los cuchillitos de la luz dejando caer las gotas de su oscuro lenguaje

en el vaso que viene de siglo en siglo,
de poeta en poeta.
Todo lo humano seguirá transcurriendo.
De estas grandes llamaradas siempre quedarán
esas partículas eternas e invisibles.
Nada se ha ido, todo ha quedado
y continuamente todo anda diciendo
lo incapaces que somos al intentar explicarnos
el simple, hermoso idioma del amor...

OSARIO PÚBLICO

I

En los nichos de musgo y ópalo
los huesos se entremezclan:
vértebra de brujo, tibia de un sátrapa,
el fémur salobre de un marinero.
Sucesores ya de tanto olvido
se arremolinan en la serena
reliquia de la catacumba, la tierra,
el mar y el cielo.
Nada más santo que esa luz,
allá donde concluyen los pasos
y de los huecos irrumpen las tibias ratas de ojos tristes.
Voy a ellos.
Todo primor son los oscuros rasgos de Dios,
las palomas con pétreos ramos de olivo,
la historia del diluvio y de la luna.
Alegorías de esas vasijas tenues que construye el viento
y resecan los viejos soles de la cristiandad
y la morería.
Signos y escrituras que no alcanzo a comprender,
sonidos que repercuten
en los soñados ecos de algún cráneo vacío.
Al final del camino está el desastre,
al final del desastre empieza el vértigo,
árida música que llega desde lo alto
como una lluvia venenosa.
Finísima.

II

Es cuando empiezan a germinar las piedras cíclicas
que el ojo insomne, seguro de estar muerto

es arroyo, nave, espejo
y como serpiente va reptando hacia la altura.
La altura es sólo humo.
La distancia, como subterfugio de eternidad,
anda existiendo...
A veces, eso sí, me permito cierta vacilación,
cierto suspiro,
y el corazón, lleno de hiel, me late inclinado
hacia el más oscuro, olvidado y vacío hueco de la noche.
Estancias de luz donde son eternos
los rostros que vimos por última vez,
los rostros amados...

III

Aquí las sombras habitan
como sepultureros que no saben qué tumba van a abrir.
Somos repetición, mas una
misma palabra podrá tener el mismo acento
y cada muerte es diferente a la otra.
Triste es solo aquel que solo habla
cuando camina por esta callecita,
cuando canta y no sabe a quién preguntar
dónde queda su casa y quiénes son sus hijos.
Cuando empiezan a germinar las piedras cíclicas,
me voy doliendo, olvidándome,
hacia adentro...

FETO

Yo, que en este instante soy, y mis arterias
se mueven al compás de un aullido, ya no seré.
Dentro de mi transcurrido y oscuro corazón
explotan las palabras que aprendí una vez
cuando el mundo dormía.
Pude haber sido rey de esta tribu, chamán,
cazador, cantor de las ruinas y las rosas,
navegante o hasta un alucinado dios
y ahora yago sobre una mesa de plata entre algodones.
El silencio es para mí lo único que en verdad existe.
El amor es la cosa que más duele.
Cuando no existe, hiere.
En exceso, mata.
Envejecido hasta el amotinamiento,
con mi careta aviesa y marmórea
quedo, al final, más callado
que el mutismo de Dios cuando está a oscuras.
Con una aparente arboridad voy al follaje;
sombra me vuelvo, sombra de hombre, helecho,
trinidad, reflejo que es de él y de su
escuálida alfarería.

En mis fracasos hay el presagio,
una suerte de múltiple criatura.
Inmóvil, casi hambriento, hay en mí
el sarcástico bufón que disimula
su humillante realidad.
Al final del universo está el perseguidor,
el insomne que sabe que al nacer ya duele,
que es delito.
Entre tanto, simulo ser,

como inventa el viento el pájaro talado,
el límite bastardo de un linaje
que casi siempre se muere por costumbre.

LA BALLENA

A Herman Melville

Viene como una novia leve y gris,
con un frenesí minucioso, casual e inevitable,
naciéndose en su tumba abismal.
Es una llaga púrpura en la llanura salobre,
como un dragón ámbar suspirando en la luna.
Insaciable, llega a la orilla de lo que cree el mar
y allí se arrodilla y allí refresca su pelambre bermeja,
sus plumas de luz, su formidable
interpretación de la sombra.
Es el preso que, por no aburrirse de su dolor,
escapa y muestra al mundo sus caireles de espuma,
las rosas que como todas las navajas, mutilan.
Es quien no obedece al follaje ni a las iglesias,
a los ídolos ni a las aldeas.
Es su sed tan distinta de la nuestra
que no llego a imaginar cómo es que vuela,
cómo su corazón es un motín de amor
ante el viejo viento que con sus arpones la ataca.

CORO DE ÁNGELES

A la memoria de la niña Cecilia Dalcourt,
asesinada por los brujos en Matanzas, en junio de 1919

Aquí en este lugar duermen los ángeles,
antecesores ilustres de la hombría,
causa remota de la desesperanza.
Entre olvidadas cruces que huelen a hierba quemada,
a barca hundida,
el viento engendra arañas y caracolas.
Aquí están las pequeñas banderas
que la tierra muestra como blasón y con orgullo,
las vasijas de barro donde el agua espesa y verde
enseña los huevos neutros de las ranas
semejando un collar de diminutas perlas,
flores de papel envejecidas, senderos
donde las últimas pisadas vagamente se funden
con pedazos de maderas podridas, trozos de mármol, inscripciones...

Son las breves manos que brotan de la tierra,
los cuerpos que soñaron el mundo brevemente.
A los niños muertos se les olvida pronto.
Me lo demuestra este huerto de amor
con los ojos cerrados...

ÁNGELES

El cielo es una jaula de niebla donde los árboles se extin-
guen.
Antes era fácil verlos en los jardines
con sus ojos vidriosos, las cabezas deformes,
sus alas húmedas y cuarteadas,
como acabadas de brotar de un capullo.
Horrendo,
inhóspito ha sido para ellos
el techo de esa cueva intolerable que los cubre
semejando un manto roído por mil estrellas.
Un insulto son los ecos que les llegan,
los alaridos catatónicos de sus madres, como lejanos ecos,
una ofensa, la sangre que a borbotones brota,
como un río con hambre que hacia adentro se nutre. Inváli-
dos se arrastran por los espacios,
buscando entre la hierba más antigua
una brizna que los descubra,
un resplandor que los exista.
Agrios, los ángeles vuelven a sus vaginas,
acatan la fría, suprema orden
de ser sólo sensación
y olvidarse.

LA SOMBRA DEL DRAGÓN

A Ray Bradbury

I

Extenuado regresa este sueño con su bramido.
Familiar engendro cuya imaginación es poblar el inútil tiempo
de memorias y representaciones.
Viene con sus deformidades mutables,
sus embrujados trajes de sol y sombra,
todo ya hecho polvo
en este poeta cruel que hoy le ha olvidado.

II

Imitando la vida invade nuestras transcurrencias
y rumia como una vaca verde cerca de nuestro camastro.
Son los artificiales resplandores que toman consistencia,
esas resecas lunas que subsisten
más allá de sus cicatrices y sus levitaciones.
Un día se marcha y en su ausencia deja
un milagro de carne ensartada en alguna de las llamas
más afiladas de la hoguera.

III

Estoy en un campo de mármol
castrando el panal azul de unas abejas tristes
y un arpa elemental me extravía
en un ceremonial alucinante que no llego
a comprender del todo.
De mi cabeza comienza a brotar
una enredadera que muere cuando dormita el tigre.
Con mi farol de espuma confirmo la niebla

y el barco se recuesta, como para morir,
en el acantilado.
Las olas, unánimes, desgarran a un dios de sal
que dijo adiós a esas últimas gaviotas de cuarteados ojos.
Estoy creciendo, mis manos palpan una luna
que es una copa de jade conteniendo ron.
Escucho el jadear de unos perros poderosos que me buscan
mientras en mi escondite converso con las babosas
y los brujos.
Siento que el universo es una enorme trampa
y en mi jergón enumero las cuentas
del raro y rojo collar del infortunio.
Trato de disimular el agujero que dejó esa sombra
mientras crepitan mis huesos. Definitivamente.

IV

Estoy en el jardín del infierno
y se escucha un clamoreo que llega seco y agrio,
como cuando golpean los cascos fósiles de los centauros.
Estoy cegando el pozo de mi muerte con esa sombra descomunal y suave que lentamente cae como un conjuro. En la
piel moribunda de la eternidad
traduzco un silogismo mortal
que me habla del horrendo vértigo
que sufren los que marchan para siempre.
La vida y su contraeco...

V

La Sombra del Dragón, su hueca sombra
somos nosotros, la hiel, los códices de aquellos
que pueden detener el tiempo,
los cimientos de una torre de humo donde ahorcan
a los que por linaje tienen el no estar de acuerdo,
la costumbre del garfio penetrando la carne,

las oscuras letras que son la salvación
y llevan en sus rosados lomos las hormigas.
Poseemos nuestras crónicas como insignia
y como monumento, una fértil, excesiva imaginación,
la exégesis de las miserias,
una memoria falsa sobre nuestro pasado.
Es el mundo una pesadilla inexplorada
donde la verdad duerme para siempre
en las tumbas, la hierba
y el corazón húmedo de los acantilados.

VI

Todo repercute, choca, se entremezcla
con un ejército que estuviera
tras nuestros ojos cerrados.

VII

Despierto... ¡Qué horror!

LA MADEJA

En las grietas de mí, las más oscuras,
hay un manso alarido y un extravagante boscaje
donde el diablo pasea en su asno de ébano
vestido con sus agrios trapos de titiritero.
En las gloriosas ruinas de lo que fue el poniente,
el crudo vagabundo, el agorero,
emprende un estéril retorno a la antigua
comarca de las visiones.
Árboles deformes ocultan su falsificada hombría.
Ya es casi el puerto que no pudimos hallar entre la bruma,
despiadado esperpento,
caballo que tiene los pulmones partidos,
fetiche de las abuelas buenas.
Desdichado cuyo rabo le sale por la sotana
y su canción es un grito tenso y árido
que destruye los nidos del dragón y espanta las vacadas.
Este Pedro Botero anda prófugo,
todo de blanco el ojo magro, la boca desdentada
y un colmillo tan vasto y tan disparatado
como un espantapájaros en el Vaticano.
Habla de su linaje mientras asa
los muslos brillosos y verdes de los grillos.
Pero ya a nadie engaña,
los niños lo examinan al llegar al desfile
y el enjambre de moscas que le acompaña
les hace preguntar: ¿Será un muerto
o un sepulturero?
Decrépito, este viejo ya no sabe qué hacer,
sólo puede gloriarse de ser el más odiado.

En las grietas de mí
hay un grupo de seres que levantan
sus manos arborescentes de la tierra
y le señalan,
acusan a este demonio que asesinó un sueño,
el sueño aquel que pudo haber sido de todos.

SENSACIONES

Todo lo que hemos visto
lo tenemos adentro como estáticas piezas de museo.
En el lenguaje hay sólo aquello
que el dolor y el espacio no alcanzan;
así como esas gaviotas raras
que nacieron para la desesperanza,
el ir rielando, como si escribieran sobre las
envejecidas y tercas aguas,
el nombre de un pobre dios que nos llevó al desastre. Exce-
sivas estas sensaciones que se recuestan
a nuestros cuerpos,
igual a prostitutas a una torre de inmortal argamasa
donde el hombre quiso penetrar sus ofensas
y predestinaciones.
Estremecido, cuando esas imágenes
comienzan como peces resecos a brotar,
voy andando.
Cada paso del hombre lo lleva a la soledad,
el crimen o la cárcel.
Esos son los estigmas que cada cual padece
como una gangrena silenciosa que enhuevara en el aire
sus polluelos de algodón y de sangre.
Tratamos de dilatar la indescifrada
leyenda que paciente aúlla contra el universo,
con tal fervor que no logra estremecer ni a las pajuelas.
Dentro, como panes dormidos, los verdes maleficios
de una generación sin sueños,
la vaga madriguera de las invenciones.
Somos los mercenarios de una noche sin fin
con su única ventana de soledad tapiada.

Allí los hostiles ecos de la eternidad rodean nuestras leta-
nías,
como una araña voraz a la abeja trémula,
al rayo de sol que cae desmayado en la madeja.
Viscosos, andamos chapoteando en estas galerías infinitas,
con la certeza de que algo aborrecible, al final,
nos estará esperando.
Vaga certidumbre la nuestra de usurpar
las pesadillas remotas de aquellos que el corazón tenían
por simpleza
y también por hombría.
La ancianidad es una cosa horrible, sobre todo
cuando se vitrifican nuestras venas
y el artefacto cuelga como bandera estéril.
Suerte que en la edad del insomnio aún tenemos el canto,
que aunque vacío es canto y da lo mismo
si va raído o luminoso, fértil o contrahecho.
Esta brevedad nos hace vindicar la angustia.
La eternidad nos vincula a esas visiones
que otros en el tiempo atraparon
y nosotros llevamos en una carreta como botín de guerra.
Todo es pálido reflejo de aquel arroyo que fluyó una vez
sólo para dificultarnos,
como el árbol talado ambiciona la raíz,
el grumo,
el agua sin fondo que inventaron los muertos.
Todo aquello que hemos, alguna vez,
en un inolvidable amanecer, palpado,
carne de rosa tibia oliendo a leche,
efímero sentido que deja en nuestra sangre
un rito, así debió llamarse el fuego que a sí mismo
se petrifica y mata.
Sucesos inolvidables estos, como el atrezzo

de una dilatada obra que en sueños representamos. Condición única que explica esta parábola
de caminar sobre el agua hasta hundirnos por las callejuelas
de una ciudad que fue luminosa y ahora está en ruinas.
Orgía demoníaca la de esas sensaciones:
un trozo de hielo cayendo en la muela cariada,
un sorbo de hiel que se nos va por el camino viejo.
Blasón del género son estas leyendas
que como un cáncer o un niño enfermo crecen junto a nosotros.
Pálida es la interpretativa relación que llega definitivamente
como luz de las cosas que solo sus sombras dejan.
Por la sensitiva, redonda huella que transcurre al hombre,
viene cayendo una figuración de tierra con las alas partidas
y somos, cuando da lo mismo ser,
la palabra final, el vértigo de todo aquello que alguna vez hemos visto
o tocado...

SHALOM SHABAT
(1993)

...el profeta
por todos esperado,
como las ruinas de algo y el
mundo
como una coincidencia;
el hombre crudo,
otra vez por el demonio
cocinado...

CARNE

A Miguel Hernández Díaz

El corazón del tiburón, después de ser sacado,
sigue latiendo.
La carne de la jicotea, cocinándose en la olla, en sus espas-
mos,
se mueve.
La jutía, decapitada y descuerada
salta encima de la mesa...

¿Cuándo vendrán a buscarme?
Escucho el sonido de sus botas, pero lo que se
pierde en la vida se gana en eternidad.
Es lo que hemos tenido que pagar por vivir;
y es que también despertar tiene un precio.
Estamos llenos de piojos,
esta tripulación está deshumanizada,
las únicas semillas que fructifican son las de la sal
y el veneno,
tenemos que fabricar los ladrillos que rodearán nuestras
celdas
y cubrirán las tumbas.
Nuestro jornal es el de andar muy tristes y solos.
En las calles nos entendemos con gestos,
nuestras miradas son oscuras como pozos ciegos,
las lágrimas traen en su peregrinaje
todo lo errante, amargo del mar...
Ah, nido espantado de su pájaro,
ah, niño absorto ante las hordas que lo aplastan...
¿Cuándo vendrán a buscarme?

Me pesa el sudor en la piedra,
la enorme cabeza en el cuerpo,
mi sombra arrastrándose a mis pies como un perro apa-
leado
y de quien tengo también que desconfiar.
¡Quién pudiera dormir sin pensar
que alguien vendrá a buscarte
o que incluso puede estar debajo de la cama
vigilando tus sueños, lo que dices en ellos, interpretándo-
los,
quién pudiera soñar!
Un carro ha frenado frente a mi puerta.
Siento un estremecimiento, como cuando
se nos pudre un ganglio en las axilas
o nos cae en la muela cariada un pedazo de hielo.
Con los agonizantes se hicieron los cimientos del cielo,
por ello, siempre ha habido un sordo clamor
que se ha equivocado en lo alto.
¿Cuándo se hará realizable el hombre y cuándo
podrá vencer tanta falacia y cerradura?
Perplejo, oculto en la urna la enorme
cantidad del espíritu de mis abuelos,
los moradores taciturnos de la conciencia humana.

Me despojan de la madre y del hijo
de los caminos y los barcos
de mis papeles y mi tierra,
pero no del canto,
ese no será ya de mí arrancado.
Es el supremo instante de concluir con este juego
de ratón encadenado versus gato insatisfecho.
Marcho jubiloso hacia una muerte que sé,
no es definitiva y solo tengo miedo de no ver el Día. Ama-
necerá mañana, lo sé,

mas, ¿estaré vivo?

El universo gira como un péndulo ciego,
mas, cuando hayan transcurrido los días
y sea el Tiempo de juzgar a los justos
y a quienes los mataron,
Él recordará el corazón del tiburón,
los huevos que dejó la jicotea en la arena,
los nervios de la jutía,
pero ante todo,
la carne de los que luchan, sufren y mueren,
será la primera en ser resucitada...

AUTOBIOGRAFÍA DE UN NIÑO

A Robin Martínez

Perplejo ante la oquedad de esta noche que me aterra, vencido por las crueles distancias y los juegos de niños, recojo
del arca los trajes que tuve en la vida:
los de pirata, poeta, sepulturero,
las flechas que mojé en el árido corazón de los pretendientes,
el tazón donde bebí la amarga leche de las vacas del sol,
el collar de cascabeles de cuando era bufón.
Me he mirado por última vez en el espejo
y nada he visto,
mi ceguera es verde y está llena de alacranes.
En la alforja irán también los mágicos grimorios
algún que otro libro de maldiciones
el caldero de brujo, la sotana de aquella vez
cuando quise tapiar, como un canalla, mi desesperanza
e irme volando, para siempre, en un barco de bruma
cuyo mascarón de proa se arrancó los senos contra los
acantilados.
El camino se hizo para escupirlo,
los templos, para amarrar a mi madre loca,
las tabernas, para mostrar estos tatuajes de viviente sangre
y beber con las putas de ese corrompido vinagre
que falsifican los que están muy tristes.
Vi las sirenas ya ancianas que el tiempo despierta,
la vaguedad de las ruinas recostadas contra el mismo horizonte.
He muerto tantas veces que existir da lo mismo
y subo al pescante del primer carretón que pasa. Extravagante es el crudo misterio que me habita,

cuchillo que lancé al cielo y otro día regresó para matarme.
Es que cada hombre siempre precisa huir de sí,
escapar de ese saco de huesos que lleva por piel,
irse lejos, nutrirse de esa anémica hierba que comen
los chacales y la cabras.
Agrio, he buscado la vida degollando mariposas, atra-
pando lunas moribundas en los manantiales...
(Por cada noche que transcurre hay una luna diferente.)
No hay, no tengo solución, la vida es un vértigo sucio
y más de una vez me he inclinado
ante esos espíritus que se comieron a mis hijos.
He luchado contra la muerte, el amor
y todas esas cosas de incierto vacío que llevamos...

Ven..., esta tarde iremos al santuario en ruinas
donde nos perdimos entre el eco de la arboleda
y te coroné de espinas,
donde te convertí en la sibila amarga de este macho cabrío.
Pero esta es también otra historia,
la de un muchacho triste que era más gris
que esa balandra sucia que se llevó a su amigo.
Solo el hombre puede ser diverso.
Los animales no pueden ser profundidad y cuchillo, distancia y verso.
Ahora es tiempo de creer en el silencio,
de marchar con los gitanos que toda madrugada engendra.
Perplejo ante la mohosa oquedad, recorro el tránsito
sin darme cuenta.
Y ahora, a la hora de decir que tengo miedo,
me armo de símbolos y silogismos
como aquel viejo que se armó con una espada opaca
y un caballo que casi era un insulto.

HISTORIA CLÍNICA

A Ángel A. Moreno

El paciente revela un cuadro clínico sumamente extraño:
dice que soy él y que él soy yo
y este no es un manicomio, sino un barco que se hunde.
Los poemas que escribe son ilegibles
y, en el mejor de los casos, atroces o raros.
Dice que su corazón es un girasol que cruje con el viento
y hemos tenido que protegerlo, ponerle los manguillos
al atraparlo con una cuchilla sucia
sacándose la piel de su rostro, con el fin, dice,
de una vez y por todas, desenmascararse.
Dice que lo perdurable solo es el reflejo
de las aves que por el cielo pasan,
y que la exactitud se encuentra en lo impreciso,
que los espíritus son palpables, sufren y se ocultan
bajo la nata verde que cubre los pantanos.
Dice que algo sucio y terrible está rodeando al mundo,
que nada es perdonable, que hasta el sol es perverso,
que al lado de su cama siempre hay algo bestial que lo
acompaña,
que su amor es tan extraño e incurable como el instinto viviente
de los arroyos,
que las piedras son pétalos petrificados de flores de otro
universo,
que su epilepsia es un vino que borra los espacios,
que todas las pesadillas humanas son
la única perenne pesadilla de dios,
que se siente diverso, ya que es uno.
Dice que todo es ficción y deseos frustrados,

que la vejez es una plaga y ha comenzado a podrir a todos
los niños,
que cuando haya dicho su última palabra,
se acabará el universo...

Y yo estoy empezando a creerle
ya que también he visto seres viscosos y deformes
salir de esos huevos raros que nacen de las tumbas.
Es indudable que esto es el infierno
y que los argumentos que los hombres urden
son admirables falacias para explicar, un poco tarde,
la esperanza.
Creo que aun pudiera escapar de esta trampa, desmoro-
narme el cráneo de un escopetazo
o disolverme en el corazón del mar.
En este caso, lo único que ya puede salvarme
es entrar yo también en el continuo universo
de las disoluciones.
¿Para qué continuar con esta túnica que ya apenas
me oculta el rabo incivil;
para qué esta máscara si llevo debajo una colmena
y una calabaza fosfórica que no es de este mundo?
Creo que en este círculo que comienza y no concluye
nunca
somos nosotros los soñados
y que ningún encuentro es coincidencia
ni ningún sueño
ni ningún muerto.
Creo que la metástasis nos está devorando antes de nacer,
que existir es el maleficio perdurable
de alguna vieja loca que habitó en los cielos
y la hojarasca comenzó a cortarme cuando no me alcanza-
ron
los sueños

con los que tanto jugué a soportar la vida.
Que ante los espejos somos deplorables,
fuera de él, bestiales,
que hay que sacarse el corazón, botarlo al universo...

SHALOM SHABAT

A Yanira, Jeovany y Javier, mis hijos.

I

El camino de la locura
hay que recorrerlo solo.

En cada piedra he dejado el mensaje
para aquellos que vivirán de aquí a cien,
doscientos mil años.
Soy víctima de un sueño,
el oscuro hombre que nunca existió.
Opalina y de plata es la luna en tus ojos de muerte
y mis pupilas se han extraviado en la crudeza de la niebla.
Púrpuras bailarines se derriten
en las trenzadas llamas del farol de la casa.
Hay una cosa horrible que, latente,
aguarda dentro de cada rosa.
Esta vieja pesadilla nació
cuando las estrellas empezaban a morir.
¿Qué soy yo?
Con tus ojos vengo de mí,
soy y sigo siendo el ofendido.
En la piel de tu espalda trazo círculos concéntricos
como los del caparazón mágico de una tortuga.
En el infierno, que repercute impalpable en el mundo,
en la claridad de tu opaco vidrio, vine, al nacer, para olvi-
darme.
¡Ah, barraca donde muerdo cotidianamente
la miel y la sal del más dulce veneno!
Y es que el amor de una ciudad se conoce

por la cantidad de sus perros callejeros.
Cuando en una ciudad comienzan a botar sus perros
es que, de cada casa, están botando el corazón...

II

No perdamos, amor, las esperanzas;
mira cuánta hierba crece en los altares,
todavía en los mares, aunque no lo creas, hay peces,
los árboles siguen pariendo frutos,
del extranjero llegan muchos
a observar lo exótico de nuestras desgracias...
Tus colores no son de cuando te conocí.
Ahora eres uno de esos muros quemados
que pintan en las celebraciones
y con los primeros aguaceros se destiñen
dejando ver sus antiguos letreros, aun hirviendo.
Amo tu palidez, esos grandes y oxidados ojos
como acabados de brotar de una lágrima.
En cada hombre hay un árbol que envejece;
se ha muerto mi dolor, lloro mi muerte.
El polvo, entre convulsiones catalépticas,
se estremece en el aire.
Un trovador está ahora cantando
en lo alto de las ruinas arqueológicas del campanario.
Escúchalo por última vez.
Ya pronto vendrán los demonios a buscarlo,
dirán que su guitarra es irreverente,
que sus cuerdas han dejado de creer
en el futuro...

III

Despierto en mi ataúd y no recuerdo nada:
ni quien cerró mis ojos
ni al que por última vez dije adiós.

Ahora otra vez escribo en esas tablas raras que llegan a los
arrecifes,
después del naufragio, con olor de sangre y aventuras.
En cada tiburón hay un buen vigilante.
No tienes salvación, recuerda que a las
cabezas cortadas les siguen creciendo barbas...

¿Cuándo vendrán a buscarme?
Vestido con jirones de niebla,
tatuado el corazón izquierdo por un cuerno del Diablo,
yo, que un día fui el archivero del paraíso,
ahora camino por una alucinante callejuela de Gondwana
con un chacal que pide mi palabra más pura
mientras rasga su mandolina, su arpa de amor,
camino al aquelarre...

IV

Quien no quiera aterrarse
Que no mire a los cielos.
Justifico al demonio ya que quiso ser libre.
Déjame esta madrugada preparar nuestra caldera de brujo,
filtrar alcohol con las aguas memoriosas del Leteo,
un poco de felicidad.
Voy a ir a los portales de Palacio a recoger colillas,
tú sabes bien que siempre me he conformado con poco...
Entre la bruma azul un rostro asoma y mira.
Tengo miedo.
Tú eres parecida a la noche,
pero aunque te confundas con ella no eres la noche
y por eso está de vuelta ahora el más ausente.
La libertad, Miriam, comienza en uno mismo,
por eso yo la vida la vivo como magia.
No pudiéramos llevarla si no existiera Él,
ni comprenderla si no estuviera suelto

en cada una de nuestras conciencias perseguidas.

V

En el mundo todos estamos locos,
nuestros dedos comienzan a tornarse afilados, violetas.
No lo dudes, estamos vivos y vivir es el más grande milagro,
un silogismo que inventaron para el sacrilegio.
Ya tenemos adentro esa mosca que irrumpe de los muertos,
¿no la oyes?,
ese raro insecto que ni los eruditos saben de dónde sale,
la que revolotea dentro de los ataúdes cerrados.
Nuestro deber es cumplir con nuestras diarias extinciones.
Habitamos la capital del espanto y las alucinaciones,
la boca pestilente del infierno,
algo más surreal y hechizado que aquellas escenas
que en sueños contempló El Bosco,
un sitio donde un soplo de viento puede
asesinarte en cualquier esquina,
donde puedes desaparecer para siempre
como si nunca antes
hubieras existido...

VI

Toma estas esmeraldas: son bellas, tienen hambre,
están hechas con la dulce e inmemorial substancia de la
hierba.
No te asustes si esta noche el gallo canta cuatro veces,
si comienzo a vomitar fuego y azufre
o si me crucifican, amor, si me crucifican.
El ojo insomne de Venus está rojo de llorar.
Me llamo Narciso y Diógenes, Ciudadano y Delincuente
que huye en una balsa.

Pero esta no es Ítaca ni Alejandría
ni tú eres Penélope ni Circe.
Esta aldea envejeció junto a nosotros;
de joven fue un pacífico animal
que recostaba su nítida estatura contra el viento.
Habrá que perderlo todo si alguna vez el aire,
como un jinete, llega y se lleva esta casa
cuya única habitación disponible
es para el suicida y la desesperanza.
Las arañas, con esa cualidad fatal,
urden la tela que de vez en cuando atrapa algún espíritu
que vienen a comer la yedra crujiente,
aferrada a las paredes del corazón.
Habrá que perder todo si alguna vez
el volcán sobre la que fue edificada,
explota...

VII

A lo mejor encuentro una urna en medio del parque ro-
deada por cirios que corrompen la noche,
o me pidan la identificación, contraseña
para poder ir a agonizar a extramuros de la ciudad;
a lo mejor encuentro que Dios está con nosotros,
que no estamos solos...
En el patio hicimos un túmulo donde sepultamos
a nuestro perro y a nuestros más viejos abuelos;
aquellos que bebieron con los dioses dementes que crearon
el mundo.
Siento en mis oquedades un fuego inextinguible: .
17 de junio o jueves 12 o el siguiente día.
Me estoy convirtiendo en una serpiente emplumada.
El sueño siempre es víctima de las promesas y la vejez,
un maleficio de ese brujo que habita el tiempo...

VIII

Una escuálida antorcha ilumina la escena.
Nos hemos quedado ciegos por tantas
buenas intenciones,
por el humo que despiden los palos y los muertos.
El hombre, para serlo,
ha de estar en los límites y carecer de límites.
Hemos perdido, para siempre, el cielo.
Cada uno tiene un demonio
que habita en las cuevas jironosas del alma.
Las puertas del alba son de hierro
y fueron forjadas cuando el mundo dormía.
Ya sé cómo duerme el Caudillo:
con ojos sin sueño,
pendiente de los puñales que pueblan su conciencia. Vivimos con el corazón ajeno,
hablamos con la lengua de otro,
vemos con pupilas que no son las nuestras.
Aquí lo horrible se palpa, se respira;
son los pasados misterios que cada uno
tiene que soportar.
Inútil es toda resistencia,
hay muchas legiones de demonios que te acechan y escuchan,
todos ellos son las insignias que los acreditan
como buenos hijos y excelentes sepultureros...

IX

He visto las ruinas.
De tanto verlas somos las mismas ruinas.
Estamos extenuados de tantas invasiones fantasmas
y si la luna sigue siendo roja
es que se nutre de los niños hechizados
por el blanco búho de Siria;

y si ha anochecido para siempre
será porque no hemos tenido suficiente luz.
Ah, Laurentia, continente del miedo,
mujer de mis entrañas.

No hagas ruido, ni siquiera un gesto;
hagamos la señal de la cruz con la zarpa izquierda; besé-
mosle la cara del trasero
y cuando concluye en el Shabat su discurso,
aplaude, amor, aplaude...

X

Vamos en nuestra carreta de rencor rechinante;
sus ruedas rozan el borde del despeñadero
y allá se ven las ruinas
donde vamos a llorar los faltos de libertad,
los más indignos.
Tuyo, Satanás, es Angará, la Mano de Gloria que llevas
para que, cuando nos robas, no podamos verte.
Nuestros hijos son tuyos desde el vientre,
llegan a este mundo paranoicos
horrorizados de tantas persecuciones.
En sus atroces juegos siempre son los sitiados
y los muertos;
cuando duermen van tomando del aire algo así como piedras
y con ellas van preparando sus sepulturas...

XI

Tuyo es el trípode dorado, las hojas sagradas del laurel
eterno.
¿Dónde será la fiesta?
¿En Bleksberg, Blokula, Loudún o Matanzas?
Derritamos en las llamas su imagen de cera,

quitémosle la barba y el disfraz, que son falsos;
déjalo tal como es: una momia que no puede controlar
sus propias equivocaciones.
Hemos pasado trabajo para encender la hoguera,
se agotaron los pozos de betún y alquitrán,
comenzó un nuevo diluvio dentro de los pedernales...

XII

Dicen que Dios tiene setenta y dos nombres.
¿A cuál de ellos invocar
para que esta pesadilla termine;
tendremos que clamar a todos ellos
y aún así, seguir recorriendo este
camino de la locura como hasta ahora lo hemos hecho, solos?

12 de octubre de 1993

LOS VISITANTES

I

Si vienen, Miriam, a preguntar unos poetas por mí,
di a esos filibusteros que no estoy para nadie,
que ando tallando con el hueso principal del Demonio
–aquel donde se halla su propio contraeco–,
una flauta para trenzar los peces sucios
que vienen a abjurar en la orilla,
que la serenidad del cielo me ha caído encima
como esas primeras catedrales
que los conquistadores hicieron
con los cráneos de los indios.
Un verso es una cosa fácil, diles eso,
para el hombre con el corazón llagado,
y todo tiene, mujer, razón de ser,
el pálido reflejo de una causa.
¿Y cuál puede ser más verdadera
que carecer de causa y de cordura?
¿Qué carajo, amor, aun tiene sentido?
¿Crees tú que Dios o la poesía
podrán salvar ya el mundo?

II

Puedes, como yo te he enseñado,
explicar mi conducta incivil de mil modos,
diplomáticos o concluyentes:
Que estoy ante el espejo:
mi manantial que del patio fluye,
vomitando los disfraces que en su herencia
demoníaca mis bárbaros abuelos me legaron,

que ando de bufón, crucificado, novia violada por un clé-
rigo,
andariego de selvas y de bares.
O que me fui a fornicar con las sirenas de esa sal
que un mar de soledad y frío hace deleitosas,
a cenar con Polifemo la carne de mis compañeros
y ando enraizado en el palo que lo dejará ciego.

III

Diles que estoy bebiendo grandes garrafones de cloroformo
y en mis apuntalados pulmones han muerto
de ingenuidad los toros,
esos que arrastraban las chirriantes carretas
cargadas con la divina hierba de las eternas sensaciones.
O estoy edificando un cementerio para sepultar tanta esperanza,
aunque sé que todo cementerio se construye solo.
Que estoy en la contemplación de Dios
cuando va por el universo, más total que oscuro.
O contrabandeando a unos turistas un pedazo de mar,
una cueva, una canoa que encontré en la luna.
Fui al crematorio del hospital
y allí, entre los escombros, hallé un hígado manso
para cuajar mi caldo de morfina.
Si quieres, diles que preparo un subterráneo,
no por si viene la guerra,
sino para que acabe de llegar la guerra.
Que estoy hastiado de verlos y que quiero verlos.
Que tengo una sospecha y yo mismo soy esa certeza.
Que la gente que cuida la sanidad del alma vino
y halló en mi dedo índice un anillo
que para más desgracia tenía tatuado el número 777.
Que hoy es el día de los hechiceros y me estoy

almorzando la soga de un ahorcado,
o fui a la taberna clandestina
a compartir mi magia con las putas;
que estoy escribiendo mi sermón de holocausto a los carneros
y un tiburón me ha cercenado el brazo izquierdo
y ya no puedo sostener con algo de orgullo mis muletas.
Que todos los brujos de mi pueblo, esos hermanos míos,
se han confabulado para meter mis sesos en sus árboles
huecos.
Que estoy preocupado, ya que el escudo de mi ilustre fa-
milia
ha sido mutilado: le han quitado el castillo, los gules,
la espada de azul arena
y le han puesto una ciénaga donde se hunden los diablos
y la divisa: "La pureza es mierda".

IV

Diles soy John Champán y Jasón y Tiresias
y estoy plantando un arbusto que ya ha parido
algunos animales raros:
un minotauro que lame mis heridas gangrenosas,
un unicornio de ojos dorados.
Que estoy alucinado, paranoico y huelo a matadero
Y, no lo sé, mas puedo presumir de dónde vendrá el golpe.
Que todo lo divino me es ajeno
y estoy encomendado al Dios-Azar.
Diles –esta es otra buena razón para justificarme–
fui a beber la sangre del último romántico
a descifrar los ídolos que palpitan y esperan
en las vitrinas del museo,
a ver a todos mis hermanos que se fueron,

a esos locos que entendieron excesivamente el maleficio.
Que estoy derramando mi semen solitario sobre una flor
que sé, por última vez, nacerá indigna.
Que mis palabras ya no son las mismas
y hablo un idioma avieso y raro
que ni el mismo Champolión entiende;
que estoy borracho, perdidamente cuerdo y subsisto
a pesar de estos clavos que me parten las manos.
Que me compré un revólver para hacerme
la vida un poco más necesaria.

V

Que para siempre iré a dormir en la jaula del tigre
y yo seré Diógenes dentro de mi tonel
para enseñarlo a leer en los maderos.
Que los pájaros se me han vuelto de mármol en los cielos
y han caído dando tumbos en mi boca,
que estoy escuchando por milésima vez el mismo marti-
llazo
y anoche soñé que estaba junto al cadáver de Mozart
y hoy he amanecido demasiado oscuro.
Si te preguntan el motivo de tantas complicaciones,
tanta ausencia, diles que estoy, como Ronsard, simplifi-
cando,
que escogiste a un esposo bien patético entre tus pretendientes
ya que fui el único que llegó a Ítaca disfrazado de mendigo,
que hasta mi hondura tiene cierto vacío
que es aún más vacío que mi hondura...

VI

Puedes decir que estuve muchos siglos en tu vientre,
que nací, ya lo he dicho y sentenciado,

por la única cosa pura que en el mundo he hallado,
que salí de él dando alaridos de terror,
como salen los demonios cuando son, de algún puerco,
exorcizados,
y estoy haciendo fuego con esa hierba blanca ya muy vieja
para quemar el mundo y sus mortajas.
Que la pelambre de un lobo loco me cubre
cierta parte –la más oscura e intuitiva– del corazón
y estoy en un peligro cierto, pero no real,
y no soy un heraldo al declarar con mi tambor de guerra
que en mi sangre hay unos prisioneros
forjando el hierro de mi jaula como quien reafirma un
sueño...

VII

Que estoy sufriendo, amando en un poema,
muriendo incinerado al lado de los pobres de mi tribu
y no quiero sino lo necesario para andar por el mundo bien
triste,
que los ojos me han crecido tanto hacia adentro
que he quedado ciego y me fatigan los ponientes, tanto
como pueden dolerme cientos de lanzazos en el mismo sitio.
Que trato de hallar un nuevo dialecto para que no me en-
tiendan,
un dialecto, no para entenderlo,
sino para recrearme en su música purísima
y para que los hombres escriban
sus cartas de amor.
Puedes decirles que padezco de náuseas y vértigo y vino,
esas mismas cosas que debe sentir Él
cuando se asoma entre las nubes y ve a sus criaturas.
Diles que la única puerta que tenía mi cuarto la he tapiado
para siempre,

193

que nadie es nadie en mi yo y en mi yo nada es nadie.
Que en los desbordamientos de mis orillas pantanosas
hay un niño perdido bebiendo del calostro
de las bestias fósiles,
y que los hombres, antes de ser fantasmas, son vegetales,
huesos de dinosaurios, máscaras de papel pintadas
a mano.
Que me fui de peregrino a una tierra
que me hirió y amé por ser, entre todas, la mía,
que ayer le di de comer un tiburón a mi perra tuerta
y se le atragantó la pierna, la cabeza de un náufrago.
Que ya no construyo balsas para huir de casa
y estoy, después de dos mil electroshocks, sencillamente,
más rabioso...

Y estoy delimitado y delimitando dónde,
en qué conciencia queda el límite de todo esto,
el fin de tanto infierno.
Que me largué del mundo y fui al infierno, que es el país
más puro.
Que los muertos ahora caminan por las calles
y fui a recoger los excrementos con que se manchan el corazón
las bondadosas hormigas.
Diles que no quiero levantarme nunca más de mi jergón
para poder pensar y ver si alguna vez
puedo levantarme.

Párate con firmeza en nuestra puerta,
no los dejes entrar.
Diles que si yo no estoy en casa,
es que nunca he vivido en esta casa,
que nadie me conoce en ella
y si alguna vez estuve un rato

fue quizás para soñar que yo vivía en otro lugar,
en otro sitio,
o que fue producto de la inexperiencia
con la que los hombres sueñan no regresar,
que aprendí el oficio de la indiferencia,
que todo lo he olvidado,
que soy una cosa oscura
tratando de recordar mi verdadero nombre.

X

Ven, has cumplido con la tradición, no hay nadie en casa;
en este lugar, incluso, nunca hubo una casa
ni yo ni tú fuimos
o quizás fuimos y hay algo de verdadero en ella
y tú, mi amor, eres la única cosa vívida que la habita,
todo lo demás es cosa sucia.
Yo tracé sus fronteras con la sangre del Diablo
cuando Dios se moría;
dibujé en sus muros, que es como una tripulación
del espanto, tus ojos, arborescentes senderos
que me trajeron a este mundo perdido,
cuando andaba como un canalla jugando a los dados,
mi corazón...
Otro toque. Mientras están golpeando en nuestra puerta
se está agotando el universo,
algo que clama desde un ángulo incierto,
un lugar luminoso donde refugiarse de tanta podredumbre.
El dolor es una dentellada que no cesa,
y el hombre viene a la vida
con el solo fin de preparar su tránsito y disolución
y cuando comprende que no es arena o polvo,
que va a seguir viviendo, es cuando empieza a odiarse...

XI

Ahora que los dos estamos solos,
que hemos quedado como siempre solos
y nuestros hijos han marchado al templo de su Dios
igual que tú y yo marcharemos al templo del silencio y del
olvido,
empecemos a cavar en el patio, que el fango es lo único
que en el mundo hay puro; el fango, tú y tu vientre.
La tierra es tu vientre y por eso mi sombra dormirá en él.

Escucha: ni una palabra.
Están tocando otra vez a la puerta.
No permitas, mi amor, que me atrapen,
no lo permitas, Miriam, no lo permitas.

ESCOMBROS

A Roberto Braulio González,
pintor del infierno en la balsa del "Medusa".

Fue el año en que edificamos la muralla,
ritual que consistía en creer que todo era falso:
la luna y las montañas, el mar y los caminos.
Tus lágrimas caían sobre la pobre sopa,
mientras crucificaban a los fantasmas como trapos viejos.
Tus lágrimas, junto al muro de líquenes,
duras y brillantes, obsidiana de las hachas pulidas.
Venías a esclarecer ese perpetuo tizne
que aún agobia.
En tu pelo bermejo se enredaban los pájaros con sus alas
de trigo.
Aún recuerdo, había un viviente túmulo
cubierto con cenizas de la tarde que el sol ciega.
Las estrellas, hambrientas, iban a morir en la hoguera.
Fue una trama difícil, una especie de ofensa y armonía
donde se bifurcaba el eco tras una voz reseca.
Y no sabíamos quiénes eran los grotescos títeres
que vacilaban ante la incierta luz del primer día
y después se lanzaban, desnudos, desde el acantilado.
Todo se hizo de magia. Gracias a ella vivimos.
Tú eras mi poeta del agotamiento,
mi bruja neurótica preparando su escoba.
De la garganta donde clavaban sus leznas poderosas sur-
gían los alacranes.
Mi poeta de Dios.
Y del Diablo.
¿Qué oscura y obligada causa nos hizo
vender las frutas podridas de nuestras escrituras?

¿Qué se hizo de esas cíclicas moscas que gestaban
en el neutro cieno de los ríos,
de esa tradición de poseer el estático insomnio
como nuestro más preciado tesoro?
Fue el año en que el viento se llevó la muralla
y nuestros testimonios eran como el conjuro
contra esa afirmación maldita
que aun anda suelta por el mundo.
Ibas toda de novia en tu sillón de ruedas
con la cabeza abierta por donde se veían
transcurrir los crepúsculos.
Se traduce en la memoria lo total del hechizo,
la vehemente simulación del que ama
y ante el odio de todo, quiere vivir.
Mi mujer doliente, la de herida más fértil.
Son auténticas las ruinas que traen algún recuerdo.
Nada tiene pureza.
¿Cómo fue ese extraño tiempo en que edificamos la muralla,
mientras subconscientemente preparábamos su destrucción?
Son profetas de dioses distintos
que sólo en el asco y la aniquilación coinciden.
Cuando te vayas a morir, no hagas silencio,
no borres las huellas que has dejado en la tierra,
no engañes a la muerte.
Para el hombre, toda crucifixión es necesaria
e inventar un mundo es siempre mejor
que habitarlo...

VESTIGIOS

A mis hijos

La historia no se encuentra en los archivos y las crónicas,
sino en las inextinguibles y ya casi exhaustas hogueras
que marcan la noche.
Voy dentro de mí tratando de no hallarme,
 recuperando mi muerte.

Cuando los brujos roban huesos y tierra de los cementerios,
se despuebla un poco más la memoria.
El polvo es el corazón del hombre
y está formado con la dulce sustancia de la demencia.

Mi origen está escrito. Posee el origen de la turba,
la apetencia ancestral de la hierba.
Todo asombro es siempre milagroso,
sobre todo cuando me miro en las charcas
que abandonaron las lluvias y veo mis tatuajes,
los que gimen por estar bajo mi piel prisioneros,
o esos colmillos que llevo clavados desde mi nacimiento.

He de confesar que en el hombre el dolor es ante todo.
El arcoíris lanza sus doradas flechas contra el cielo,
pero a mí no me importa.
Hablan los mármoles,
las hondas hojas de un pasado salobre.
Todo nos dice lo patético que resulta
sepultar tanto muerto entre los muertos.
Ah, polvo de América, todo en ti es doloroso,
como cuando se nos queda

199

la cabeza de un fósforo encendido bajo las uñas
o nos mordemos la lengua al masticar un pedazo de pan.

Todo en ti es bendito. Nacimos de una idea delirante,
en un lugar donde nadie conoció a sus abuelos
ni distingue su verdadera raza.
Tierra del desarraigo,
errante como una barca que se deshace en el pantano,
abierta como la esperanza;
en tu vientre un segundo me hace existir por siempre.
Tú eres el límite de lo real y lo imaginario,
de la sangre y el sueño,
de la perversidad y el espacio...

En la noche está el humo de la noche que pasa.
Es la aumentativa ilusión de llegar a un reino
que siempre busqué,
como una fruta podrida que cae desde lo alto
y se disgrega en las piedras,
o el raro talismán que con astucia logra fatigar
la errante aventura por la cual venimos.

Aquí el dolor es palpable, vívidas las pesadillas,
tanto, que de cualquiera de ellas
podrías no regresar...

SALMO 104:15

Habíamos agotado los vasos
con esa audaz, casi suicida decisión de contemplar
el interior de las mágicas vasijas
esas sospechas y certidumbres que a los que han penetrado
en el laberinto siempre causan,
¿Qué vimos, hermano, aquella noche
cuando de la obligada oscuridad buscamos la alegría
y salieron dando alaridos los espíritus?
Como el cuero de Marsias, ya curtido por el salitre reseco
que deja el sol cuando se pudre
y puesto como para espantar las arpías del huerto,
así me quedé, cuando las tropas,
como un insaciable manantial de alcohol, fluían arras-
trando de mi cuerpo los sepulcros que tanto
quise en mi olvido encerrar.
Después supe también, yo era
un fantasma hablando una jerga extraña.
Los ponientes se ahuecaban
como un tambor siniestro que llamara a la guerra.
Y vi manos como racimos de flores en las ventanas,
que lo perverso es ya casi lo único que tiene historia.
La ciudad, antes de yo de nacer, fue póstuma,
entonces ya se había escrito la necrología de sus habitantes.
Como el llanto, cuando de pronto llega y lava
nuestras caras de piedra, penetrándolas
con ese lustral eco que dejan el lino y el polvo al mar-
charse..
Vi las murallas desfallecer contra el viento
y la arena, como una paciente araña,
urdir concavidades en sus muros.

La conspiración había nacido adentro
como el nervio que en el interior del cráneo
se rompe sin ningún crujido,
como el niño que juega y ríe, y sus padres no saben
que en su adultez será ladrón o un crucificado.
En cada jarra existe una leyenda,
en cada jarra, una profecía viviente,
inquietante.

Vi a los soldados violando a las sibilas,
cubriendo de saliva y semen el piso del templo,
asando los asnos que, cubiertos de flores,
roturaban nuestras tierras.
La heredad de los justos fue entonces
conocer que todo camino se viaja, se vive y despide continuamente de sí mismo,
salir aullando como perros
cuando las mariposas de la aurora llegan
y se incrustan cual flechas ardientes en los ojos.
Vi que procreamos hijos con esas muchachas
que al final resultaron ser diablesas y asesinas disfrazadas.
En la severa llaga que precedió al desastre
hube de contemplar los límites,
las fronteras que todo cuerpo muerto encierra.
Vi que la realidad era la impostura más perfecta
y, que en el hombre, el último vaso es algo así
como una patria donde se ha nacido y transcurrido
y donde se muere...

CUERPO DE GUARDIA

Tal vez existan niños que aún no han comido carne de hombre:
¡Salvad a los niños!
Lu-Sin

Con el imán ausente de su ayuno, los perros
sarnosos o amarillos yacen dormidos bajo los bancos,
entre escupitajos y algodones.
Nada es más triste y desolado que un hospital de madrugada,
a no ser esas tablas podridas que el reflejo deja en su can-
sancio
entre viejos caracoles y algas, como pájaros
que por tan verdes y desmemoriados
pierden la ruta, chocan contra el cielo y mueren.
O esas terminales de trenes de provincia
donde las agónicas luces se incrustan en los ojos
hasta llegar al sitio justo donde se oculta el llanto,
donde la gente espera y sabe que
el tren no llegará nunca
y que ellos mismos no irán a parte alguna.

Una mujer muy gorda se recuesta al teléfono público,
le falta el aire y boquea como un pez al que las olas
han tirado sobre los riscos.
Se abre una puerta y con el aire gélido de la necro
brota una enfermera tan blanca
como la porcelana de China, lleva una bandeja de plata
que huele a corazón y cloroformo.
Alguien se le acerca y pregunta:
¿Hay alguna esperanza?
Todo huele a noche tiznada, a frialdad selvática,

hay un silencio capaz de confundir el ruido.
"El neurocirujano, dice alguien,
está tratando de extraerle el pedazo de cuchillo del cráneo.
A lo mejor Dios lo ayuda y no se salva".
Un anciano se incorpora de su camilla y grita:
"Me pudro, huelo mal, hace seis días que me he muerto
y el camillero no me acaba de llevar a la morgue".

Gente extraña que viene a cambiar un litro de sangre
por una botella de aguardiente,
el hombre crudo que se come el Diablo.
Otro viene de Santiago y no tiene dónde quedarse;
un médico vocifera: "hace falta otro estetoscopio,
este, en vez de ir hacia adelante, camina hacia atrás..".

Un cuerpo de guardia es conciso como una bofetada.
Los ojos, vacíos de guardar tanto sueño, revolotean como
moscas
mientras los perros, sarnosos o amarillos,
se contraen, rascan, y cuando terminan de sacarse alguna
pulga, vuelven a dormirse
como si nada estuviera ocurriendo esta madrugada en el
mundo,
tranquilos,
como esperando la muerte
y el juicio final...

JONÁS EN SUS FINALES

A mis abuelos

Vivir lo suficiente no es tan solo haber soñado con tu Dios
un día
y tener la cabeza avinagrada.
Ya los lobos están desgarrando
las últimas manadas de las mansas rosas
que cubren ese antiguo sol que aun dora Nínive.
Un pequeño pedazo de eternidad son los ecos de esas flau-
tas de arena
que dispersa el demonio y multiplica el viento;
lejanías y límites que se suceden fosilizándose
en este laberinto de locura.
¿Quién es aquel que no ha soñado
asesinar a su hermano por un pescado seco?
Atrás quedan las tentaciones,
la vida te ha molido tanto que no puedes pensar de otra
manera
y ya no tengo dudas,
hemos regresado al planeta donde la ferocidad
se impone a la ternura
y adoramos la misma piedra que nos hiere en la frente.
¡Qué oscura bufonada es esta
de pertenecer solamente a nuestro propio precipicio,
a nuestro latiente abismo!
Singular tósigo contra la memoria,
animal que entre círculos de mágica ceniza
corre hacia su propia lejanía.
Ya una luz incierta está naciendo de ti mismo,
ya tus húmeros se ponen blancos y cuartean,
se hacen más largos y extensibles

con la breve sombra que les da la tierra;
al ser nuestra la luz que dulcemente fluye
como potro salvaje de la niebla.
En mí también está mi propia tumba,
mi fin adentro.
Y es por eso que me llamo y no respondo;
los cuarteados labios no han cesado un instante
de adjetivar la vida como un crimen
y el misterio donde se convulsiona el hombre,
como una cosa sucia.
Los viejos tienen motivos para ver su corazón
como un campo por donde, descalzos,
corren los demonios y la muerte con sus trenzas de ceniza
y bruma.
La muerte, dulce muchacha que desde la infancia,
como a través de un múltiple cristal, te mira con sus ojos
purísimos como los de una gacela parida...
Es cuando todo se hace brevedad: la pipa,
la jarra donde cabe el mar con sus bestias de espuma.
Cuando, utilizando la navaja que nos separó
para siempre de nuestras madres,
nos cortamos en un cercén bien limpio
la cabeza surcada
y la ponemos a morir, definitivamente,
en la ventana...

FOTO ANTIGUA

A Serafín y Amelia, mis abuelos.

En los ojos de Serafín resplandece el rencor del tigre;
en los de Amelia, el río verde aceituna que esconde la semilla.
Sus corazones están latiendo ahora
en la serena brevedad de una fotografía.
Juntos los dos duermen en mi conciencia.
Vivo está aquel que algún recuerdo deja.
Miran la cámara como si no supieran
qué límites soportan en la sobrehumana experiencia de los
años.
Él, con su traje por donde asoma el reflejo de un revólver,
el sombrero ladeado y aquellas palabras de que
en el hombre el dolor es ante todo.
Ella, con la mano de marfil sobre el encaje de Flandes
y ébano.
Eran tan diferentes que hasta en la muerte se quisieron.
La felicidad en el ser dura sólo un instante.
Miro esta foto con la incierta y parda vaguedad que dan
los días;
en su fondo, Satanás aparta las cortinas y puede verse
un cielo color candela
y un tapiz donde pastan los leones y las cabras.
Al final, una puerta.
Ese día la cruzaron y se fueron...

MANICOMIO

A Hugo Hodelín

Soy Ícaro impetuoso que asciende en el humo de la hoguera
y tú, mi hermano Lobo que siempre me acompaña.
A través de la inutilidad de la pureza hemos visto reapare-
cer la esperanza.
Ahora, desde la copa de un árbol, abjuramos
de todo aquello que creímos el amor.
Aplastados, hemos bebido en las garrafas del tiempo
de ese vino infernal que es el silencio.
Ha irrumpido la más pura luna que ojos humanos vieron,
pero tú no aúllas.
Sabes que sería inocente emitir
la más inocente muestra de tu orgullo.
Hagamos nuestros planes con cautela;
hemos agotado este trance abrasivo que es el existir.
Ten cuidado con ese búho que se acerca;
masca despaciosamente esta rata que guardo en mi alforja,
tritura sus huesos como si la cosa no fuera contigo.
¡Que piense somos indivisos y en verdad
estamos locos,
que no nos damos cuenta de lo que nos rodea!
Poseemos el silencio como el mejor amigo,
la pelambre que nos cubre el corazón heroico
Nuestros ojos son unánimes
como esas briznas totales que el viento de la cuaresma
arranca.
Todo entre nosotros debe ser simulado,
no repitas en voz alta tus pensamientos,
que en tu garganta sólo exista el eco de la desesperanza

y el hambre como una exhausta contemplación.
Ya presiento en mi carne ese cuchillo
que nos persigue desde los dorados años
cuando andábamos por el desierto
con una luna doble reflejada en los párpados.
No duermas, hermano Lobo:
el sueño es siempre brutal para los tristes
y el que vive no tiene derecho a estar cansado.
Para mí sus bofetadas son el más grande orgullo,
y no importa si no hemos pasado bajo el Arco de Triunfo
o el Senado ha dictado para los vencedores coronas de laurel
y nos han enterrado en la frente las de espinas.
Hoy hemos amanecido pudriéndonos por dentro,
hoy nos dan el alta;
pero no muevas tanto el rabo ni te alegres, que hoy
no nos dan el alta.
Mira, el Diablo nos trajo cigarros y unas galletas;
vino a vernos y, como siempre, estábamos solos,
tú en el cubil donde te pusieron los manguillos,
yo planeando cómo entrar a Palacio
y robarme la peluca del Rey.
Ven y mira, nuestros esfuerzos se han perdido,
hemos naufragado en esta caldera.
No te pongas sentimental, tú no tienes la culpa,
nos han echado un somnífero en la sopa...
Cantinero, hágame el favor de colocar mis sesos
en esa copa
y rociarlos con aguardiente;
a mi amigo póngale ese pedazo de hueso humano
que anuncian como el plato principal de la casa.
En la vida todo ha de ser soportable.

Agárrate al madero, no patalees, ya que en esta comarca
hay muchos tiburones que se han acostumbrado a comer
de los locos.
Estamos heridos, pero no nos han vencido;
déjate de lamentos, quienes tienen que sufrir son ellos
y un grito de nosotros sería su victoria.
Allí hay un cabo de cigarro, esta noche Tropicana
es una orgía,
las luces de La Habana son tristes y desde lejos, odiosas,
desde lejos, nos parten el alma.

Ya viene la enfermera con las inyecciones,
con esa enorme cantidad de sicofármacos.
Ten cuidado. No los tragues. Haz como si lo hicieras
pero ponlos debajo de la lengua y después escúpelos. Estamos narcotizados, pero hazte la idea
de que esas pastillas son margaritas
o enormes medallas con las que condecoran a los tristes.
Son para que no hables, no pienses
y no llores.
Para que yo no siga siendo Ícaro
ni tú sigas siendo mi hermano Lobo.

IMAGEN Y PALABRA EN LA POESÍA
DE LUIS MARIMÓN

Los buenos poetas habitan absolutamente en la imagen. La imagen no es un ornamento, una oblicuidad, una refracción: mucho menos se encuentra al mismo nivel de la metáfora, como explican las retóricas occidentales: es estrictamente lo real subjetivo, ya limpio de fenómenos, amedulado, ofrecido como una esencia plástica para la socialización. Alcanzar esta habitabilidad sin traicionar la exactitud de las relaciones entre la persona y su realidad es hazaña de plasmación muy escasa y grande, entre otras muchas razones sobre todo por el hecho de que el vehículo escogido para objetivar lo subjetivo es la palabra. Con frecuencia se escucha, incluso de boca de poetas muy promocionados, que la palabra es la patria de la poesía: la palabra es indudablemente el extraordinario carruaje, pero no el horizonte que se persigue para nacer hacia lo definitivo. Ese reino, intransferible y hondo, es la imagen. Nadie puede dar, a pesar de los dones usuales de la comunicación, la entraña imaginal de otra persona. Ni toda persona puede, utilizando la palabra, ofrecer a las restantes una cosmogonía sincera y bien nucleada de las configuraciones últimas de su propio mundo interior. Cuando estas proezas se consiguen por algún hablante, sabemos que estamos ante un poeta, y sus representaciones dominadas pasan a formar parte patrimonial de la especie. La imagen que ha logrado inscribir en palabras no es estrictamente más que su mundo, pero es el de todos los que poseen afinidades con sus hechuras psíquicas, y el de todos los que poseen sensibilidad y capacidad de introspección aunque se encuentren situados en la oscura distancia de otras experiencias. La persona que se sitúa para bosquejar su mundo interior en el dibujo exterior de las maneras en boga podrá obtener celebradas resonancias, pero está lejos realmente de su propio mundo, que es intransferible y se visualiza sólo con una severa introspección, y en esa ausencia de dignidad de plasmación la poesía genuina escapa, porque ella es fuego y cristal simultáneos que el mundo interior alza y avienta y que vierte tan sólo a través de la sabiduría y la franqueza, esas dos puertas de oro de la expresión. Ser fiel a la imagen interior ante las absorbentes solicitaciones de las fuerzas que manipulan el éxito en la vida social conlleva un rudo apostolado que hay que estar dispuesto a pagar con responsabilidad y sin rencor.

La poesía del poeta cubano Luis Marimón es fiel a su mundo interior. Su emisor no está entre nosotros, pero su imagen, entrañada como una incanjeable cosmogonía, dialoga con nosotros y nos muestra la vehemencia de su representación. Es el misterio de la poesía, cuyo plasma sígnico se actualiza cada vez que se penetra con sensibilidad en sus predios. Un poema es un artefacto de elocuencia, pero desemejante a otras piezas comunicativas: no busca con-vencer, sino con-mover. No disuelve la identidad recreadora en la identidad reproducida, pero ofrece la rara ocasión de participar en otra identidad enriqueciendo la propia. La poesía es un polígono del misterio de la participación. En ella hay un intercambio profundo y diverso, que tiene que ver tanto con la palabra como con la imagen, en un juego de trasvases de una abundancia espléndida: con la imagen de llegada se intuye la imagen de partida, y se juzga y disfruta la capacidad para inscribirla en palabras que exhibe el hablante, y cómo se encuentra organizada la imagen del mundo desde la estimativa de su específico mundo interior y la intersección que establece con la naturaleza general humana. También allí capta el que actualiza el poema, si existen, los ruidos que desorganizan las texturas, las caídas instrumentales, los desenfoques estimativos, las motivaciones que manipulan la ambigüedad. Por una especie de insólita actividad estadística, el actualizador balancea las luces y manchas y extrae, en un álgebra final, sus resultados valorativos íntegros, poco explicables, pues han ocurrido bajo la velocidad del consumo, atenta a un número prodigioso de variables. Lo primero que se juzga en el canje termodinámico de la lectura es la autenticidad del mundo representado, vértice inicial donde se funden lo ético y lo estético. Es de capital importancia sentir que el hablante ha logrado vertebrar su mundo interior en una construcción subjetiva válida.

La poesía del poeta cubano Luis Marimón es una construcción subjetiva válida. Esto puede ser afirmado porque es obra clausa, cuyo cerrado inventario posee cantidad y calidad definitivas, y que examinada globalmente arroja una organizada visión con un lenguaje específico altamente elaborado. Aunque al poeta lo ha rodeado y rodea activamente la leyenda de su vida y muerte, la construcción subjetiva que alcanzó a ejecutar es susceptible de ser aprehendida como una añadidura objetiva. El tamaño de los valores alcanzados podrá discutirse, pero su existencia es ya un documento. Se procura ahora fomentar los contactos para auspiciar su consumo, y desbordar la leyenda para entrar a jerarquizar el reino proteico de lo legítimamente ofrecido. No se trata de nombrar las influencias, porque ellas nunca son una angustia ni para la creación ni para la crítica. Las influencias enseñan a entrar fructuosamente en el mundo interior: se convierten en angustia cuando no están suficientemente metabolizadas y estorban la contemplación nutricia y tajante de lo inalienable personal. Vale decir, cuando no in-fluyen, sino que con-fluyen. En su poesía hubo muchas avenidas entrando y fluyendo hacia sus íntimas necesidades de plasmación. Algunas de ellas se le convirtieron en segunda naturaleza, y ya no importan sus procedencias ni irradiaciones, pues constituyen propiedades de lo mejor logrado en su lenguaje y visión. Quien se detiene en sucesos de esta índole descubre no muy lejos la sombra de la poesía maldita o de un inconsciente povedismo simbólico o de un expresionismo que se detiene en la violencia de lo absurdo. Pero la autenticidad es la ética de su estética, y cada una de sus piezas, y el sistema de piezas que elaboró durante años, fue madurando hacia las direcciones más soterradas de su destino sobre la tierra. Encontró un lenguaje imaginal para su experiencia, pausadamente acendrado, pero procurado desde el principio mismo. Saber configurar un relato de la existencia personal y de la realidad que corra debajo del discurso como una matriz mítica que el creador suma a lo ya acumulado, es la primera e imprescindible condición para el que ambiciona expresarse en poesía.

Expresarse en poesía implica una estructuración de las imágenes y un modo especial de manejar las palabras en la consecución de ese propósito. A la primera lectura llaman la atención los epítetos priorizados por el poeta, con los cuales elabora la atmósfera que desea que lo caracterice. Los epítetos no constituyen escenarios, sino propiedades del mundo y de la enunciación del sujeto. Junto a los sustantivos y verbos de uso más sistemático conforman el lexicón del universo representado y crean bajo su oculta coherencia el relato mítico subyacente que contiene todo texto lírico conseguido. Los epítetos de nuestro poeta se inclinan ostensiblemente hacia la connotación más áspera o negativa como separándose enérgicamente de cualquier representación, en verdad poco creíble para él como se infiere de sus enunciados valorativos, de la existencia de un universo solar o armónico. Revelan una actitud de nublada insatisfacción o visceral rechazo. Son también significativos los espacios que torna suyos con escogencia frecuente, como los hospitales, las prisiones, las tabernas, los cementerios, las funerarias, las morgues, las cavernas, las ruinas, los crematorios… Su pensamiento imaginal trabaja vivamente con los manglares, los litorales, los pantanos, los océanos, las ciudades, sobre todo con su Matanzas, a la que deslexicaliza en su operatividad discursiva para tornar visible su interior despedazado, y en ocasiones convierte los cielos y las bibliotecas en escenarios emblemáticos de la febril nocturnidad que todo lo corroe. Una población humana densa y oscura ocupa esos panoramas, así como una fauna abundante de carácter peyorativo o agresivo, que constituye en su agregación y sabia disposición el turbión vivo del vértigo y el naufragio hacia donde la liquidez de todo conduce ineluctablemente.

Las hormigas, los alacranes, las serpientes, los chacales, los lagartos, las gaviotas, las garrapatas, los murciélagos adquieren tintas singulares en su participación simbólica. Pero sobre todo, con insistencia temática, los perros y las moscas. Sus perros recuerdan mucho a los de Poveda, y sus moscas a las de Casal. Es el bestiario de la amenaza y el asco, el dorso de la imagen de la realidad que nos quieren imponer hipócritamente. La política general en el empleo de los calificativos, de los espacios, de la población humana y zoológica, revela una búsqueda permanente y dinámica que tiene como propósito doble describir con exactitud los desmanes y falsías de lo exterior y la dolorosa victimación interior, contra lo cual se rebela el sujeto desenmascarando lo feo, lo sucio, lo odioso, lo negativo. Jamás reposa la denuncia y la protesta, sumergidas en una atmósfera de fracaso y disolvencia, expresadas en escorzos simbólicos. Evolucionó en su representación, bajo estos principios constructivos, hasta

215

ofrecer piezas donde las imágenes particulares tributan eficazmente a las de mayor dominio de su vertiginoso y complejo mundo interior.

Su complejo mundo interior posee, por su carácter dionisíaco inmanente, una música de rudas fluctuaciones. Las pautas apolíneas le son ajenas, y las expectativas rítmicas, y las periodizaciones silábicas. Sabe bien que la elocución se encuentra transcurriendo en una página, pero explota poco los silencios de los blancos, porque su proyección se endereza con mayor frecuencia hacia lo dramático. El hablante del poema monologa mucho, aunque sabe interpelar y provocar a los que la dicción del texto supone que tiene delante. El poeta emplea al pintor y al actor de continuo. Con el pintor elabora el detalle artístico, y con el actor trabaja la semiosis poemática. El pintor deforma las figuras con inconsciente finalidad expresionista o grotesca, y el actor provoca con el sorpresivo parlamento público que constituye el poema, criatura expresiva que fluye indistinta en la frontera de lo íntimo y lo colectivo. La originalidad de su elocución es evidente, y se encuentra en correspondencia con sus propósitos comunicativos y la naturaleza onírica de su sistema simbólico. Así, si hablamos propiamente y no según la terminología en curso hoy en nuestro medio, sus poemas no versan, sino que frasean: el fraseado es la actitud elocutiva de sus características líneas líricas. En esto no se diferencia mucho de la generalidad de los poetas cubanos, que emplean ya el fraseado como patrimonio común después que el coloquialismo lo impusiera definitivamente, y cuya ausencia de tonalidad silábica garantiza, por esquivez y completamiento, la presencia equilibrante de la pauta en el conjunto creador de la poesía cubana. Su desplazamiento fraseológico no tiene sentido de la distribución acentual, sino de la rección ideotemática. En muchos poemas la curva fraseológica parece comportarse de manera parecida: avanza hacia el contorno del poema con cierta prolongación interior y hacia el remate se sincopa, amén de las síncopas que añaden color a las prolongaciones interiores. Pero en sus mejores poemas, de carácter extenso, donde se incluyen ciertas expectativas periódicas, el torrente expresivo, de sorprendentes encadenamientos y rupturas, parece aprovechar una ligera oculta proporción rítmica. Lo importante, y lo que ha de ser valorado, es que el poeta encontró el modo de distribuir la línea según los dictados de sus apetencias estéticas y las necesidades de su psiquis.

Las células comunicativas de su mundo interior son muy fuertes y fijas. No crece por muertes y resurrecciones, ni por ciclos estacionarios, sino por gradaciones de su relato mítico subyacente. No sólo acude al poema extenso, que le ofrece la oportunidad de acumular vivencias y visiones, sino también al seriado, que se le convierte en verdadero friso compositivo. Influye una propiedad de su imaginación que consiste en la aunación de lo lírico y lo épico, nacida probablemente de la fusión de lo objetivo y lo subjetivo que caracteriza al lenguaje teatral. Contra la articulatoria común desenvuelve la simultaneidad asociativa. Son frecuentes los saltos por elipsis, por epifonemas o sobrepasamientos, por rupturas espaciales, por fusiones temporales, lo que imprime un rico dinamismo a su secuencia de imágenes. El sujeto enunciativo es siempre un engrudo estructural muy marcado, que garantiza la coherencia y dirección del mensaje. Puede ser un hablante construido desde un supuesto, como una persona dramática, o acercarse a los contornos biográficos del poeta, procurando acortar las distancias entre el sujeto y el autor, aunque nunca se solapan exactamente, pues resulta ser creador de actividad transfigurativa muy fuerte, que encontró tempranamente un sistema representativo idóneo para la extraversión de su universo íntimo. La riqueza de su sujeto es viva, a pesar de la homogeneidad y fijeza de las células comunicativas de su psiquis. A veces es una voz que habla desde el Vacío, poderosos instantes en que puede llamarse Nadie. O se coloca una máscara de otros tiempos, o escamotea su inmediatez en otros espacios, o se confunde con animales inquietantes, o es el agredido, el desengañado, el provocador, el nonato, el fracasado, el vidente, el anunciador, el enfermo, el naufragado... En ocasiones incorpora una observación contra lo bello entendido según determinados cánones, o simplemente satura la tonalidad discursiva con lo oscuro, lo bestial, lo vertiginoso, lo agresivo, lo impuro, lo abrasivo, lo pulverizado. En cualquier línea suya encontrará el lector adiestrado un sistema resuelto en todos los planos: lingüísticos, compositivos, temáticos, simbólicos... Precisamente en este dominio, verificable a lo largo de su itinerario, se encuentran las claves de la atracción que ejerce sobre los lectores sensibles, que le ha garantizado la sobrevivencia a pesar de los avatares que hayan podido actuar sobre su destino y la consumación receptiva de su obra. Son rasgos peculiares de su cosmogonía cierta matanceridad mítica y la sublimación de Miriam. Fluyen, como tópicos, en la corriente atorbellinada de sus colecciones. La matanceridad atiende a la ciudad en sí misma, a su entorno natural, al mar o los ríos que la acompañan, a sus personas, a sus ambientes, a sus historias, y se localiza lo mismo dentro de la fabulación que en los paratextos. Miriam siempre genera una luz distinta, una contramirada al infierno, aparece como una estrella en lo hondo, acaso una constelación fugacísima, aludiendo a su nombre, y es una de las pocas anclas en la disolución reinante. La matanceridad y la presencia de Miriam son dos hermosos enigmas en su creación, y dan un segundo de aliento a la asfixia, actúan como súbitas y secretas poleas, como parte y contraparte de la impureza y el acabamiento. Sus hijos, que han heredado vivamente sus dotes de expresión, iluminan sus pasajes más profundos. No faltan tampoco alegorías civiles, que tienen que ver con la sociedad cubana, casi siempre por vetas alusivas, bajo arquetipos sombríos. No dejan de pasar los carros de las antiguas alegorías: el de los bufones, el de los locos, el de los muertos… Flota sobre muchas estrofas una sensación dolorosa y aguda de límite y amputación. Se yuxtaponen los tiempos y culturas, y es realmente asombroso el palimpsesto que erigen sus poemas, donde no sólo en las asociaciones se alcanza lo simultáneo, sino que la liquidez de los tiempos y los espacios amalgama la triste experiencia humana. Hay siempre un descenso órfico, y lo nocturno triunfa sobre lo solar, lo dionisíaco sobre lo apolíneo, la disolución sobre la afirmación, la caída sobre el ascenso. La vida cotidiana sólo puede sostenerse con un poco de magia, pero da miedo soñar. Lo horrible late dentro de la rosa, y el poeta es el permanente ofendido. Se advierte que de cada corazón brota una blasfemia. El sueño y la lucidez se avecinan en la pupila airada. Puede avanzarse por una pradera iluminada que se tropezará de seguro con la forzosa muralla. No se soslaya la sensación de embriaguez, de soledad, de naufragio, de inutilidad de la pureza. La disolución es la ley suprema. Su pensamiento imaginal adensa las tintas, colecta las furias, desenmascara las intenciones, escruta los horizontes, indica el abismo: todo el sistema de imágenes revela una gran sabiduría compositiva y simbólica. La elipsis de lo solar, la acumulación de lo deforme, la presencia de lo grotesco como patético, los emblemas del reverso, actúan con tenaz propulsión. La autenticidad gobierna raigalmente su expresionismo poético, por lo que el lector se impacta y fascina ante la amarga representación de la realidad humana tan fuertemente conseguida. No tiene por qué suscribir la mirada, pero siente que el poeta ha volteado su entraña con una honradez y una plasticidad sólo características de los artistas que exhiben verdadera maestría. En la poesía cubana hay notables maestros del dolor, de la noche, del viento, del polvo, de la arena, de la angustia ascendiendo como un humo sobre las quebraduras de la sangre, que examinan la insondable y punzante realidad y suelen descubrir en los pozos más hondos estrellas sueltas: en esos fucilazos de espuma ven a la enigmática ballena deslizándose en su motín de amor, como describió el poeta en una de sus bellas piezas. La poesía del cubano Luis Marimón ha entrado en ese caudal con todo derecho, como un triunfo especial de la expresión humana.

Roberto Manzano